2020년 가야학술제전 학술총서 05
가야의 주거문화

2020년 가야학술제전 학술총서 05
가야의 주거문화

초판 1쇄 발행 | 2021년 8월 31일

지 은 이 | 이성주, 민경선, 한 욱, 차순철, 고영민, 공봉석
기   획 | 이정근, 고영민(국립김해박물관), 양숙자, 민경선(국립가야문화재연구소)
편집·진행 | 김민철(국립김해박물관)
발   행 | 국립김해박물관
           50911 경상남도 김해시 가야의 길 190 국립김해박물관
           T. 055-320-6800   F. 055-325-9334
           http://gimhae.museum.go.kr
출   판 | 진인진
           13837 경기도 과천시 별양상가 1로 18, 614
           T. 02-507-3077   F. 02-507-3079

ISBN 978-89-6347-480-9 94910 / 978-89-6347-475-5 94910(세트)

ⓒ 2021 Gimhae National Museum of Korea All rights reserved.

* 이 책의 저작권은 국립김해박물관이 소유하고 있습니다.
* 이 책에 담긴 모든 내용은 국립김해박물관의 허가를 받아 사용할 수 있습니다.

2020년 가야학술제전 학술총서 05

이성주 민경선 한욱 차순철 고영민 공봉석 ── 지음

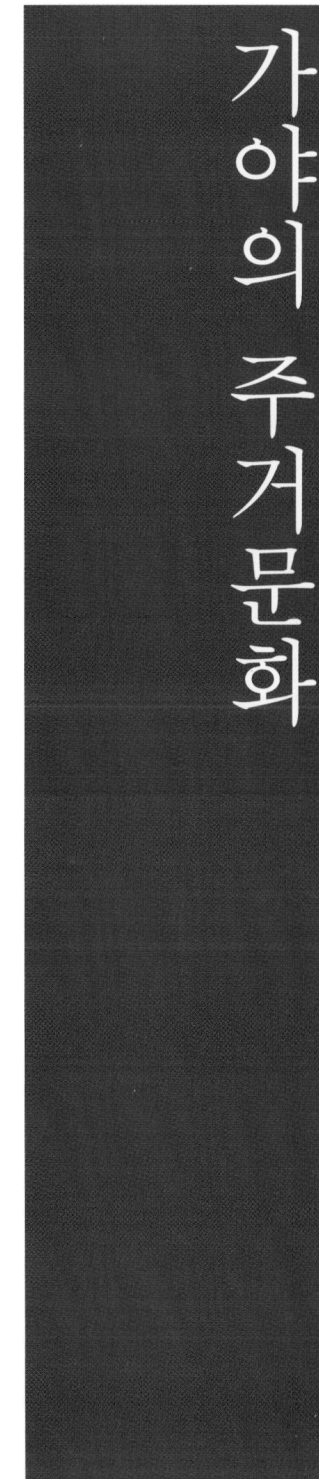

가야의 주거문화

국립가야문화재연구소
국립김해박물관

2019년 가야학술제전

	주제	개최일
1	문자로 본 가야	2019. 6. 1.
2	삼한의 신앙과 의례	2019. 7.12.
3	삼국시대 마주·마갑 연구 성과와 과제	2019. 8.30.
4	가야사람 풍습연구-편두	2019. 9.27.
5	가야 직물 연구	2019.10.25.

2020년 가야학술제전

	주제	개최일
1	가야의 기록, 「가락국기」를 이야기하다	2020. 7.11.
2	영남의 지석묘 사회 가야 선주민의 무덤	2020. 8.14.
3	삼국시대 금동관 비교연구	2020.10.16.
4	가야의 비늘 갑옷	2020.11.20.
5	가야의 주거문화	2020.12. 4.

2021년 가야학술제전

	주제	개최일
1	가야의 말과 말갖춤	2021. 4. 9.
2	가야 전사의 무기	2021. 7.23.
3	가야 선주민의 바닷길과 대외 교류	2021. 8.20.
4	창원 다호리유적 재조명 I -금속기	2021.10.22.
5	가야지역 출토 수정의 과학적 조사 연구	2021.11. 5.

차례

1   삼국시대 주거와 취락 연구의 일 방향
      이성주

    I. 머리말 · 11
    II. 주거건축으로 본 가야 · 13
    III. 건축된 환경: 주거 · 시설 · 소유물 · 16
    IV. 가야 연맹과 국읍의 경관 · 21
       1. 국과 연맹체 · 21
       2. 국읍의 경관과 역사성 · 22
       3. 왕성의 축조와 가야연맹 · 25
    V. 맺음말 · 26

2   가야 집모양 토기의 제작과 출토 사례
      민경선

    I. 머리말 · 35
    II. 집모양 토기의 출토 사례 · 36
       1. 경주 사라리 5호 목곽묘 출토 토기 · 40
       2. 창원 진해 석동 415호 목곽묘 출토 토기 · 41
       3. 함안 말이산 45호 목곽묘 출토 토기 · 42
       4. 김해 봉황동 유적(가구역) 건물지 주변 출토 토기 · 43
       5. 창원 다호리 B1호분 서쪽 주구부 출토 토기 · 44
       6. 부산 기장 가동 Ⅰ-2호 석곽묘 하부 목곽묘 출토 토기 · 46
       7. 함안 소포리 유적 71호 주혈 출토 토기 · 47
       8. 출토지 미상 토기 · 48
    III. 가야 집모양 토기의 특징 · 50
       1. 기록에서 본 가야의 집 · 50
       2. 가야 집모양 토기의 특징 · 52
    IV. 맺음말 · 55

3 집모양토기를 통한 가야건축 연구
   한욱

   I. 서론 · 65
      1. 연구의 목적 · 65
      2. 연구의 대상 및 방법 · 66
      3. 선행연구 검토 · 70
   II. 집모양토기의 건축적 고찰 · 73
      1. 건축 구조적 고찰 · 73
      2. 건축 의장적 고찰 · 78
   III. 가야건축의 건축적 검토 · 83
      1. 건축의 유형 · 83
      2. 집모양토기형 건물의 존재여부 · 85
      3. 건물의 용도 · 87
   IV. 결론 · 94

4 가야 외 지역의 주거와 취락
   차순철

   I. 머리말 · 107
   II. 지역과 구분 · 109
   III. 삼국시대 취락과 가옥 · 113
      1. 고구려 · 114
      2. 백제 · 125
      3. 신라 · 134
   IV. 맺음말 · 137

5 가야 건물지 구들의 분포와 성격
고영민

I. 머리말 · 149
II. 주요 유적 사례 · 150
III. 가야 건물지 구들의 특징과 성격 · 155
IV. 맺음말 · 159

6 가야의 주거 규모 변화와 가구 양상
공봉석

I. 머리말 · 169
II. 주거의 구조 · 170
　1. 권역별 주거 구조 · 170
　2. 주거 구조와 사회변화 · 174
III. 주거 규모 변화와 가구 양상 · 177
　1. 주거의 규모 변화 · 178
　2. 취락 양상 · 180
　3. 주거의 부속 시설 · 185
　4. 주거 규모 변화와 가구 양상 · 187
IV. 맺음말 · 190

편집 후기 · 199

1

삼국시대 주거와 취락 연구의 일 방향

이성주 경북대학교 고고인류학과

Ⅰ. 머리말
Ⅱ. 주거건축으로 본 가야
Ⅲ. 건축된 환경: 주거·시설·소유물
Ⅳ. 가야 연맹과 국읍의 경관
  1. 국과 연맹체
  2. 국읍의 경관과 역사성
  3. 왕성의 축조와 가야연맹
Ⅴ. 맺음말

I. 머리말

역사적 공간으로서 가야는 문화적 영역이기보다는 정치적 영역이다. 보다 문화적, 혹은 종족적이었던 변한이라는 역사 공간이 가야로 이어졌지만 그대로 계승된 것은 아니다. 초기국가로 등장한 삼국, 그중에도 특히 백제와 신라가 통합의 범위를 확장하고 각축을 벌이면서 가야는 정치적 공간으로 되어갔다. 가야의 (자체) 발전적 역사상이 추구되고(김태식 1993: 8-12) 사국시대의 개념이 소환되면서(김태식 2014), 더욱 정치적 공간이란 인식이 자리 잡게 되었다. 주거와 취락의 모습, 특히 주거의 형태는 생활문화에 근거 두고 있는 것이어서 정치적 영역 안에서 일관성을 보이지 않는 것은 당연한 일일 수 있다. 사실 가야의 주거와 취락이 과연 어떤 특징을 갖는가를 요약하여 말하기 어렵다. 그러면서도 정치세력화의 과정에서 인구의 배치에 변화가 주어지고, 생업과 경제적 통제와 이념적 조정이 시도되었을 것이며, 그래서 주거 및 취락의 규모와 형태, 그리고 구조적 특징도 변해갔을 것으로 여겨진다. 가야의 주거와 취락에 관한 역사고고학적 접근에서는 이러한 점을 염두에 두어야 한다고 본다.

이 글에서는 첫째, 가야 권역에 속하는 주거지의 형태와 그 변화에 대한 기존의 연구를 먼저 검토해 보고자 한다. 가야 주거지의 규모, 형태, 그리고 시공간적 변이의 양상을 파악하여 생활방식의 지속성과 변화의 계기에 관해 이해해 보고자 한다. 그리고 살림집과 그 밖의 시설과 가재도구를 구축된 환경(built environment)으로 이해하고(Rapoport 1982), 그들 사이의 상관관계를 통해 가야인의 생활방식에 접근해 볼 하나의 방법에 관해 논의를 해보고자 한다. 둘째, 국읍의 경관이 형성되는 과정과 특성에 대해 논의해 보고자 한다. 흔히 정치사회적 실체로서의 가야에 관해서는 많은 연구자들이 연맹(체)을 이루고 있었다고 말한다. 연맹이란 무엇인가 정의하기 쉽지 않으나 '國'의 관계망이라고 보는 것이 어떨까 한다(권오영 1996; 이희준 2003, 2017 195; 이성주 2020b). 만일 연맹체가 형성되었다면 이 관계망을 따라 확산되는 어떤 정치적 요구에 의해 어떤 방식으로든 인구가 재배치되고, 교역이나 생산 등과 관련된 취락들이 생겨나며, 집주가 이루어질 것이라 예상할 수 있다. 그와 같은 변화의 연장선에서 여러 국의 중심지, 즉 국읍의 물질적 양상들이 이전과 달라질 것이며 특히 그중에 맹주국의 경관은 큰 변화를 보여줄 것이다. 그와 같은 변화들은 고고학 자료를 통해 어떻게 논의될 수 있는지 검토해 보고자 한다.

주거와 취락에 대한 고고학적 접근에서 흔히 연구자들은 주거지의 형태나 취락의 특성이 시대적으로 어떻게 변해 가는가, 혹은 주거의 형식들이 계통적으로 어떻게 연결되는가 하는 문제를 해명하는 작업에 초점을 맞추어 온 듯하다. 가야의 주거와 취락에 관한 연구도 마찬가지였던 것 같다. 구조와 형태에 촛점을 맞추다 보니 실제 한 가옥에 살던 한 가구는 어떤 관계로 구성되며, 그들은 어떻게 생활했는가에 관한 논의는 별로 시도되지 않았던 것 같다. 말하자면 주거와 그 안에서 발견되는 유물을 통해 가구 고고학적 접근의(김범철 2018; 한국고고학회 2013) 시도가 아주 적었다는 것이다. 취락 내부의 가구들 사이의 관계를 통해 공동체의 생성에 관한 연구도 가야취락에서는 거의 이루어지지 않았다. 특히 일정 지역의 취락들 사이의 관계에 관한 공간 분석, 이를테면 공간 입지(Spatial Location)나 공간 분배(Spatial Allocation)의 모델에 기초한 접근이나 네트워크 분석도 거의 시도된 적이 없다.

사실 지금까지 가야의 주거와 취락에 관한 연구는 초보적인 단계에 머물러 있다고 해도 과언은 아니다. 2000년대에 접어들면서 각종 개발사업으로 인해 가야의 취락 유적이 대규모로 발굴되는 사례가 급증했고 엄청나게 많은 주거 자료가 축적되었음에도 불구하고 주거와 취락의 연구자는 상대적으로 적은 편이다. 그리고 모든 가야취락의 조사가 학술발굴의 형태로 진행되지 못하고 구제발굴조사의 형식이었기 때문에 사전 조사기획에 토양미세형태학 분석과 같은 지질고고학 작업을(이희진 2015,

2019; R. Lee 외 2013) 포함시킨다는 것은 매우 힘든 일이었다. 굳이 토양분석과 같은 작업이 아니더라도 다양한 실험적 조사를 시도해 볼 수도 있지만 대부분의 조사는 구제발굴의 주어진 매뉴얼에 따른 조사를 벗어나기 어려웠다. 여전히 가야와 관련된 고고학 연구는 고분과 그 출토품이 차지하는 몫이 절대적으로 크다. 많은 가야 고고학자들이 일반 주거 및 취락과 그 출토유물을 통해서는 가야의 역사상에 접근하기 쉽지 않다는 판단을 하는지도 모른다. 이런 연유로 가야 주거와 취락의 연구는 큰 진전을 보지 못할 수밖에 없는 것이 아닌가 한다. 최근 주목받는 가야 궁성에 관한 발굴성과를 넘어 일반주거유적에 관한 연구로 관심을 집중해야 할 필요가 있다고 본다.

II. 주거건축으로 본 가야

가야 주거지로 가장 많이 보고된 형식, 가야 주거를 대표하는 것처럼 보이는 형식은 타원형·원형계 수혈주거지이다. 타원형 혹은 원형의 상대적으로 깊은 수혈 내부에 주거지 둘레의 1/3 정도를 돌아가는 점토 고래와 그 한쪽에 설치된 부뚜막을 가진 수혈주거지이다. 이와 같은 형태의 주거지는 초기철기시대 늦은 시기, 즉 삼각형점토대토기 단계에 유입된 것으로 보이는데(김 현 2006) 4세기 후반 무렵까지 장기 존속했다(공봉석 2008, 2016; 강숙이 2011, 하승철 2013). 이 주거 형식이 늦은 시기까지 유지되었던 권역은 남강, 경호강, 황강 유역이다(공봉석 2008). 진주 평거동 3-1지구와 3-2지구의 조사 성과를 통해 확인되지만 이 원형계의 쪽구들 주거지는 4세기 후반 어느 시점에 장방형의 부뚜막 주거지로 교체되어 사라진다(강숙이 2011, 하승철 2013).

전남 서부로부터 경남 동부까지 남해안 지역의 주거 형태와 그 변화를 검토한 연구에서는 전남 서부와 동부, 그리고 경남 서부와 동부, 이 렇게 4 권역에 따라 지역차를 보인다고 한다(이동희 2013). 주거지의 형태에서 그와 같은 지역차를 보이는 것도 사실이지만, 좀 더 정확히 말하면 변화과정과 존속시기에서 지역차를 보인 것이다. 4세기 중엽을 기준으로 보면 전남 동부와 경남 서부, 즉 남부 소백산맥 기슭 일원(한반도 중남부지역)에서는 (타)원형계의 주거지가 존속하는 가운데 호남 서부와 영남 동부는 서로 다른 형식의 방형계 주거가 이용되었다. 그러나 4세기말 5세기 초가 되면 전 지역이 방형 및 장방형계 주거지로 바뀐다. 이와 같은 주거지의 교체 시점과 거의 비슷한 시기에 각 지역에서 실생활용 경질무문토기 평저발과 평저옹이 타날문 발과 타날문 원저옹으로 바뀌어 간다. 물론 주거 형태와 토기 생산기술의 변화는 지역에 따라 시차가 있기는 하지만 각 지역에서는 거의 비슷한 단계적 변화를 보인다.

쪽구들 주거지는 초기철기시대부터 전국적 분포를 보이는 것으로 파악된다(박강민 2007). 원삼국시대에는 호남과 영남 일원에 비슷한 형태와 구조의 (타)원형계 쪽구들 주거지가 퍼져 있었던 것으로 보인다. 이 (타)원형계 주거지는 삼각형점토대토기 단계에 등장하여 호남과 영남의 생활문화로 정착한 이후 원삼국시대 거의 전 기간 동안 그 전통이 유지되었다. 주거건축만이 아니라 역시 생활문화로서 중요한 부분을 차지하는 기본 가재도구로서의 토기 기종구성, 옹, 발, 시루, 파수부호, 단경호, 대호 등이 채용된 시기도 삼각형점토대토기 단계이다. 이 실용토기의 기본 기종은 일정 시기에 물레질-타날법이 도입됨으로써 제작기술의 커다란 변화가 있었지만 그릇의 기종은 변함없이 6세기까지 그 전통이 유지되었다. 이에 비해 주거 건축은 3세기 후반 어느 시점에 영남 동부지역에서 (타)원형계에서 (장)방형계로의 변화가 시작되었다(이성주 2020a). 이와 같은 방형계로의 변화는 영산강유역에서도 확인되는데 영남 동부 보다 약간 늦은 4세기 전반대에 시작된 것으로 보인다(전세원 2017). 4세기 후반에 주거건축의 변화가 시작되는 섬진강과 남강유역 즉 호남동부와 경남서부지역은 가장 늦은 셈이다.

주거지의 형태가 (타)원형계에서 (장)방형계로 변하면서 수혈의 깊이가 현저히 얕아진다. 이는 건축의 기본 구조에서 큰 변화가 나타났다는 것을 의미한다. (타)원형계 수혈주거지는 기둥이 배치되는 양상으로 보아 수혈을 따라서 축조된 내력벽이 수혈 위로 일정한 높이로 올라가기는 하지만(이나영 2010) 역시 반지하식 움집에 속한다고 할 수 있고 지붕 구조물이 완전히 들어 올려 지도록 축조되기 어려운 구조가 아닐까 한다. 이에 비해 방형계 주거지는 방형의 아주 얕은 수혈, 혹은 지면에 축조된 지상식 건축물에 속한다고 할 수 있다. 가형토기를 참고한 살림집의 연구에서는 이 방형계 주거지를 맞배지붕에 방형의 내력벽으로 둘러쳐진 가옥이라고 그 외형과 구조를 복원한 바 있다(함순섭 2008).

가옥의 외형은 크게 달라졌지만 집의 바닥에 설치된 취사 난방시설인 점토 쪽구들은 벽면으로부터 약간 집 안쪽으로 들여서 설치된다. 가내에서 음식물 준비나 조리 혹은 식사와 같은 활동의 방식이 변함없이 유지되었을 가능성이 크고, 가내에서 발견되는 실용토기의 기종구성에도 변함이 없다. 하지만 실용토기의 제작기술과 생산방식에는 큰 변화가 있었다. 이는 전통적 무문토기 성형공정에 의해 제작되던 평저옹과 발, 대호, 시루 등에 물레질-타날법이 적용되는 변화를 말한다. 그래서 거의 모든 그릇의 바닥은 원저의 기형으로 변한다. 이러한 변화는 경주일원에서 맨 처음 시작되었는데 그 시기는 늦어도 AD 2세기 초쯤이다. 영산강유역에서는 실용토기 제작기술의 변화가 4세기 전반의 어느 시점으로 추정되고 있으며(전세원 2017) 중남부지역은 4세기 후반 경이다(하승철 2013). 요컨대 원삼국시대 초기에는 영남과 호남이 (타)원형계 쪽구들 주거지와 무문토기 제작전통의 평저 실용토기를 생활문화로서 공유하고 있었다. 그러나 원삼국 시대 후기로 가면서 일부지역에서 물레질-타날 성형법으로 실용토기의 제기종들이 제작되기 시작하고, 호남서부와 영남동부에서는 각각 방형계 주거지로 변해갔다. 그러면서 중남부지역에서도 주거의 건축과 실용토기의 생산과 사용에 변화를 겪게 된다.

지금까지 중남부 지역을 중심으로 주거건축과 실용토기와 같은 생활문화의 특징을 살펴보고 지역-간 비교를 시도해 보았다. 원삼국 초기에는 실용토기유물군과 주거건축이 세부적 차이는 있지만 광범위한 공통점을 가지고 있었다. 원삼국 후기부터 지역차이가 나타나게 되어 몇 개의 지역군으로 나뉘어지게 된다. 대략 4세기가 되면 전남 서부, 중남부, 영남 동부 등 세 개의 지역군이 나뉘는 듯하다(이창희 2005). 5세기부터는 지역차가 유지되는 가운데 중남부지역으로는 호남 서부의 4주식 주거지가 유입되기도 하고 영남 동부의 방형주거지가 나타나기도 한다(공봉석 2015). 남부지역이 생활문화에서 세 개의 지역권으로 구분되지만 그것은 마한, 변한, 진한의 구분에 그대로 대입되지는 않는다.

과연 가야의 권역 안에서 주거건축과 생활용기는 가야의 특성이라 할 만한 공통성이 확인되는가? 이 문제는 무엇보다 가야 주요국의 양상을 비교하여 그 공통성이 파악되어야 한다. 그러나 1~5세기 동안 금관가야를 제외하고 가야 주요국의 중심지에서는 주거건축과 실용토기의 양상과 그 변화에 대해서는 거의 알려진 것이 없다. 영남 일원의 주거문화는 크게 부산, 김해, 그리고 창원 등을 포함하는 영남 동부지역과 황강, 남강유역권에 해당하는 영남 서부지역으로 구분된다고 한다(공봉석 2013, 2015). 우리가 알고 있는 가야의 권역의 형성은 생활문화의 공통성 혹은 종족적인 공통성을 기반으로 하고 있다고 말하기 어렵다.

III. 건축된 환경: 주거·시설·소유물

머리말에서 언급했던 것처럼 주거와 취락의 연구는 당연히 가옥 안에서 혹은 취락에서 어떤 활동이 이루어졌는지, 원근의 가구끼리, 그리고 취락끼리는 어떤 관계이며 그들 사이의 어떤 상호작용이 있었는지를 알아내는 것을 목표로 해야 한다. 인간 집단과 개인은 사물로 둘러싸여 살아간다. 오랜 정주의 역사와 집약적 농경을 기반으로 한 가야 사회의 공동체, 가족, 혹은 개인은 일정 공간을 점유하여 가옥(살림집)과 시설을 구축하고 여러 가재도구를 배치하여 살아갔음은 물론이다. 취락과 가옥, 그리고 창고와 폐기장, 통로와 출입구, 의례장소, 집회소 가 구축되어 있고 크고 작은 그릇과 가구 등이 배치되어 있는 그 안에 살아간다. 물론 이러한 건축물과 시설, 그리고 가구와 가재도구는 사람의 필요와 의도에 의해 디자인되고 제작되어 세상에 나오게 된 것으로 보고 그 디자인과 의도를 이해해야 한다고 말할 수도 있다. 그러나 실은 사람들을 둘러싼 사물들이 사고와 행동을 이끌고 사람들에게 요구하는 것이 있다. 최근 신유물론이라는 고고학의 관점은 사물과 인간을 관계적 존재론의 차원에서 보며 그들 사이의 관계망과 상호작용을 설명하려고 한다.

　장소, 건축물, 시설, 가구와 가재도구 등과 같이 우리를 둘러싼 사물들과 우리는 오랫동안 관계를 맺고 상호작용해왔다. 특히 정주생활이 시작되면서 사람들이 들어가 사는 방식이 기거함(dwelling)에서 건축함(building)으로 전이하게 된다(Ingold 2000). 정주생활이 시작되면서 사람들은 자기를 둘러싼 물질적 환경을 정성껏 구축하였고 그에 따라 인간 활동과 사회관계의 여러 측면들이 변화해 갔다. 그러므로 건축물, 시설, 가구와 가재도구를 우리는 건축된 환경으로 볼 필요가 있다. 사람들이 구축한 구조물과 물건들을 건축된 환경으로 봄으로써 주거와 취락의 연구는 그것을 고안해 낸 사람들의 생각과 의도를 파악해 내려 하는 것이 아니라 사람이 역사적으로 어떻게 물질적 배경과 상호작용했는가에 초점을 맞추어 그 과정을 설명하는 방향으로 관점을 전환하게 된다. 건축된 경관과 공동체 및 개인의 상호작용의 과정은 제도화에 초점을 맞추어 설명할 필요가 있다. 인간집단, 가족 혹은 개인의 재산 혹은 소유물로서 경작지와 장소, 건축물과 시설이 배치된 환경 안에서의 인간 활동은 제도적으로 안내될 것이라는 점이다. 건축된 환경과의 상호작용을 통해 사람들의 행동은 사회적으로 요구되고 문화적으로 안내되는 방식이 생기게 되었을 것이다. 그와 같은 상호작용의 역사를 통해 집단과 개인으로서 그것을 소유물로서 배치하고 이용하는 것은 매우 세부적인 수준까지 제도화되어 있었을 것이며 사람들은 그에 따라 실천했을 것이다(Earle 2000, Renfrew 2001). 하지만 그러한 제도화는 고정되지 않았을 것이며 지속적으로 변해갔을 것이다.

취락 안에서 이루어진 인간 활동에 따라 주거 시설물의 규모와 구조, 그리고 배치 등이 달라질 것이라는 점은 어렵지 않게 짐작할 수 있다. 가령 저장, 조리, 식사, 의례의 활동을 주거 공간 안에 모두 배치할 수도 있고 그중 어떤 것은 떼어내어 취락 내 다른 시설을 마련하고 그 안에서 공동으로 행할 수 있다. 흔히 주거의 면적을 거주 인원수로 환산해 보기도 하지만 주거 안에서 어떤 종류의 활동들이 이루어지는가에 따라서도 주거의 규모는 달라질 수 있다. 특히 저장과 같은 기능을 주거 안으로 끌어들인다면 주거의 규모는 늘어날 수밖에 없다. 반면, 취락 내 일정한 곳에 고상창고나 옥외의 수혈유구를 마련하여 따로 저장하게 되면 주거는 큰 면적이 필요 없게 된다(공봉석 2013, 이성주 2014).

토기의 종류와 배치도 취락 및 주거의 구조, 인간 활동과 상호 밀접한 관계를 지니면서 서로가 서로에게 영향을 준다. 주거와 취락을 '건축된 환경'이라고 전제하고, 주거 및 취락시설과 크고 작은 물건들을 고정요소, 반고정요소, 그리고 비고정요소들로 분류할 수 있다는 아모스 라포트의 관점을(Rapoport 1982)을 수용한 주거지 연구가 있다. 이 연구에서는 그와 같은 세 가지 요소들이 상호작용하는 가운데 시설이 구축되고, 유물이 배치되며, 인간 활동이 이루어지는 것이라고 전제했다. 중부지방의 주거 내에 각종 토기의 배치에 관한 연구인데 여기서 그는 저장용 토기를 가구와 같은 반고정요소로 보고 주거구조(고정요소) 및 인간 활동(비고정요소)들과 어떻게 상호작용하는지 살폈다(정지왕 2017). 좀 더 미시적이지만 시루의 형태와 취사난방시설과의 관계를 살핀 연구도(송만영 2016) 주거의 구조와 인간 활동, 그리고 토기 양상이 서로 긴밀히 상호작용한다는 점을 강조한 셈이다. 이처럼 주거 내 토기의 사용은 인간 활동과 관련되며 그것은 주거의 구조와 규모를 좌우한다.

원삼국·삼국시대, 토기의 기종구성은 남한 제 지역의 모든 취락유적에서 서로 비슷한 양상을 보인다. 이는 제 지역 취락 내, 혹은 주거지 내에 그릇과 관련된 인간활동이 서로 유사했다는 것을 의미한다. 제작기법이 서로 달라 기형도 약간 다르지만, 鉢과 甕은 삼국시대 어느 지역의 취락에서도 일정 비율로 출토되는 공통기종이다(이성주 2012). 단경호 역시 일정 비율을 차지하는 기종인데 서로 유사한 성형공정, 즉 물레질-타날법에 의해 제작된 것으로 남한 전 지역 취락유적의 공통기종이며 주거지 안에서 정해진 비율로 발견된다. 그러나 용량이 큰 대형호는 지역에 따라 기형도 다르고 출토비율도 상당한 차이를 보인다. 가령 중부지방과 영남지방의 취락에서는 대형호와 대옹 두 기종이 공통적으로 발견되며 제작기술도 유사한 편이다. 그러나 호남지방의 취락과 그 인접 토기요지에서는 적색연질의 대옹을 흔히 볼 수 있지만 대형호는 보기 어렵다. 호남지역의 대옹을 타 지역의 것과 비교해보면 제작기법과 기형에서 차이가 있다는 것을 알 수 있다. 중부지방에서는 다른 지역에서 생산되지 않은 다양한 대형 단경호가 제작되어 취락유적에서 사용되었다는 것을 짐작할 수 있다.

영남서부와 영남동부의 4세기를 중심으로 한 취락에서 출토된 토기군의 기종구성을 비교해 보면 각각 유적에는 공통기종이 있지만 중요한 차이가 있다. 각각의 취락유적에서 출토된 토기유물군 중 같은 기종이면서 기형도 유사하고 크기도 서로 비슷하며, 점유비율도 유사한 기종은 발, 옹, 시루, 중소형의 단경호이다. 옹과 시루는 취사용으로, 발은 운반용이나 임시저장용으로 사용되었던 것으로 추정해 왔다. 그리고 단경호는 액체저장용 혹은 운반용으로 이용되었을 것으로 추측된다. 이 4가지 기종은 4세기 중엽 이후가 되면 전국적으로 크기, 제작수법, 기형에서 상당한 유사성을 가진다. 지역차가 분명한 기종은 대용량 저장을 위한 대옹·대형단경호와 식기, 혹은 의례기로 사용되었을 완·고배·기대류이다. 대옹과 대형단경호는 주거의 면적이 넓고, 수혈과 같은 옥외 저장유구가 여러 동 포함되면 그 수가 늘어나며 그릇의 크기도 커진다. 진주 평거동 유적은 점유비율이 그리 높지는 않지만 그래도 영남 동부의 포항 호동유적의 취락에 비하면 높은 점유율을 보이며 대옹도 출토된다. 평거동 유적은 주거지의 면적이 넓은 것이 포함되어 있어서 저장의 기능을 가옥 내로 일부 끌어들인 것을 알 수 있고 저장유구는 굴립주건물이라서 저장 관련 토기는 사용되었더라도 남아있을 수 없다. 이에 비해 호동유적은 주거지의 면적이 크지 않아 저장의 기능을 수혈주거지 안으로 끌고 들어오는데 제한적이었을 것이다. 그래서 대형호나 옹이 거의 발견되지 않는다.

이에 비해 전적으로 반고정요소라 할 수 있는 식기와 의례기는 대형주거지에서 많이 출토된 편이다. 이에 해당되는 완, 고배, 기대, 컵과 같은 기종은 영남, 그중에서도 동부지역에서 빈도가 높고 서부지역의 평거동유적에서는 빈도가 적다. 다만 왕성이나 거점취락에서는 식기와 의례기의 출토양이 많은 편이고 일반 취락에서는 출토예가 희소하다. 그러나 5세기 영남 동부의 일부 생활유적, 이를테면 부산 두구동 취락의 경우 유구의 밀집도가 높다는 점 말고는 특별한 취락으로 보아야 할 이유가 없는데도 주거지 내부에서 출토된 식기와 의례기의 양은 상당하다. 그런데 한 가지 짚고 넘어가야 할 사실은 이 취락에는 일반 주거지와 확실히 구분되는 초대형 주거지를 포함한 대형 가옥, 꽤 여럿이 포함되어 있다는 점이다. 다른 주거유적에서 볼 수 없는 비율로 저장용 대형호가 출토되고 식기와 의례기의 빈도가 높은 것은 그러한 이유일 것이다.

조리와 식사 및 의례 활동에 사용되는 소형의 조리기, 식기, 그리고 의례기의 종류와 수는 당연히 비고정요소로서 활동의 공간적 제약을 직접적으로 초래하지는 않겠지만 관련된 인간활동의 방식에 큰 영향을 준다. 그것이 각각의 주거에 끌어들여지면 가옥 내 인간 활동의 복잡성을 증대시킨다. 대형호나 대옹과 같은 저장용기는 반고정요소로 볼 수 있겠지만 저장물을 가득 담아 놓으면 거의 고정요소가 된다. 만일 저장용 대형호나 대옹을 주거지 안에 끌어들이면 상당한 면적이 이용할 수 없는 공간이 된다. 그러므로 주거의 규모는 저장의 방식과 연동할 수밖에 없다. 주거의 규모는 취락 내 고상창고나 수혈저장시설과 같은 유구의 축조와 활용 정도에 따라 달라진다. 주거 안으로 저장이 끌어들여지는가의 여부, 대형 저장용기의 사용, 창고의 배치, 그리고 공동체, 가족 그리고 개인 사이의 저장물의 소유와 이용의 제도화는 긴밀히 맞물려 있으리라고 추측된다.

IV. 가야 연맹과 국읍의 경관

1. 국과 연맹체

가야는 흔히 연맹체를 형성하였다고 알려져 있다. 한국 고대사에서 연맹은 가야 정치체, 혹은 그들의 관계를 파악하기 위해 나온 개념이라 할 수 있다. 처음 가야를 연맹체로 파악한 것은 "六加耶聯盟體"論이었으며(이병도 1959: 376-389) 가야의 여러 國들이 하나의 연맹을 형성했던 것으로 이해하는 관점이다. 이러한 관점은 가야의 자체 발전적 역사를 재구축하려는 노력으로(김태식 1993) 이어졌지만 지금은 하나가 아니라 몇 개의 연맹체를 형성했다고 보는 쪽으로 학계의 의견이 기울고 있다. 사실 가야 정치체, 혹은 그들 사이의 관계망에 대해서는 다양한 해석이 있다. 크게 보면 가야 사회를 하나의 연맹체로 보거나 혹은 몇 개의 지역연맹체로 구분해 보는 관점이 있고(백승충 1995) 그 중 대가야만큼은 국가로 보는 의견이 있다(박천수 1996, 김세기 2003, 2017, 이희준 2003, 2017, 이형기 2009, 백승옥 2014). 대가야 고대국가론에 따르면 독립된 國들이 연결된 것은 연맹, 국이 이름을 잃고 지역정치체로서 중심정치체에 상하관계로 들어간 것은 국가라고 정의한다(李熙濬 2017: 195).

정치적 실체로서 가야 사회를 보는 여러 견해가 있지만 '國'의 관계망 즉 연맹을 구성하고 있었다는 전제에서 논의를 시작해 보고자 한다. 하지만 그 관계망의 성격은 다양하고, 관계망에 참여하는 국의 규모와 조직, 그 수에서도 차이가 있었으며, 맹주라고 할 수 있는 구심적 정치체의 성격과 역할도 달랐을 것이다. 그리고 國들 사이의 관계를 형성하게 된 배경과 지리적 조건, 그들을 둘러싼 정치적 상황도 서로 달랐으리라 여겨진다. 요컨대 가야 연맹체는 여러 國, 혹은 구에 버금가는 정치체들과 그들 사이의 관계망, 관계망이 형성될 수 있는 정치지리적 요건, 그리고 관계망 안에서 구심적 역할을 하는 정치체 즉 맹주국의 존재를 전제로 해야 한다(이성주 2020b).

2. 국읍의 경관과 역사성

가야 연맹체라는 정치사회적 실체에 접근하기 위해서는 '國'이란 것의 존재를 먼저 전제하지 않을 수 없다. 다 아는 것처럼 '國'이란 삼한·삼국시대에 특히 '韓'의 지역에 존속했던 정치체이다. 그 어떤 정치체든 그 성격을 파악하려면 그 규모와 조직으로 정의하게 된다(Renfrew and Bahn 2016: 180). 정치체의 규모를 파악할 때 흔히 '정치권력의 중심지로부터 그 권력이 미치는 범위'라는 정의를 따라 그 규모를 예측하게 된다(Renfrew and Level 1979). 그 조직을 고고학적으로 이해하자면 그 중심지, 즉 중심취락으로부터 해당 정치체의 범위 안에 분포하는 하위취락들 간의 관계를 통해 접근할 수 있다. 그런데 문헌기록에서 국의 존재양태에 관한 근거를 찾는다면 『삼국지』 위서 동이전에 의존하여 설명할 수밖에 없다. 『삼국지』에는 중심취락인 國邑과 그 아래의 邑落의 관계에 대해 다음과 같이 묘사하고 있다. "國邑雖有主帥, 邑落雜居, 不能善相制御." 이 기록에 대해 대다수의 연구자들은 국읍과 읍락 사이의 위계가 명확히 구분되지 않음을 의미한다고 본다. 즉 이는 국읍이 여타 읍락을 압도할만한 위상을 확립하지 못했다는 것이며 國邑 주수의 거처가 일반 읍락민의 거주지와 명확히 구별되는 경관을 갖추고 있었다고 보기 어렵다는 뜻으로 해석할 수 있다(여호규 2018: 116).

고고학에서 널리 참고하는 삼한 국의 내부 조직에 관한 모형이 있다(이희준 2000). 이 모델은 삼한 國의 내부조직이 고고학 자료에서는 자연취락 → 읍락 → 국읍으로 조직된 3단계로 위계화된 취락유형으로 나타날 것이라고 예측한다. 사실 이 3단계의 위계가 실제 취락고고학 자료에서는 잘 입증된다고 말하기 어려운 편이다. 5~6세기 전반 고분군의 분포로는 3단계의 위계가 파악될 수도 있지만 2~3세기 주거유적을 통해 접근한다면 그와 같은 취락의 위계적 분포 정형이 확인될 수 없다고 보는 것이 옳다. 그렇다면 『삼국지』의 국읍과 읍락에 대한 기록은 3세기 영남지역 고고학 자료에 나타난 취락의 분포정형과 잘 맞아떨어진다.

만일 3세기 읍락의 모습을 잘 보여주는 주거유적을 고고학 자료에서 찾아본다면 어떤 것이 있을까? 고고학적으로 흔치 않은 사례지만 어쩌면 3세기 읍락의 모습을 이상적으로 보여주는 취락은 양산 평산리유적이 아닐까 한다(심봉근 1998). 유적이 입지한 구릉이 3/4 가량이 절토되고 난 뒤 남은 구릉을 발굴했는데 출입구에 망루가 있는 목책으로 둘러싸인 상당한 규모의 취락이었다. 발굴을 통해 드러난 마을은 어떤 이유에선가 일 순간 화재로 전소된 상태를 보여준다. 영남지방의 주거유적 가운데 2~3세기 국읍의 모습을 찾아 볼 수 있는 거의 유일한 유적은 경산 임당유적이다. 임당유적에서만큼은 『삼국지』의 기록과 달리 당시 지배집단의 주거지는 한군데 모여 있어 엘리트의 주거구역이 따로 존재했다는 것을 알 수 있으며 그곳 가옥의 규모는 일반 주거보다 2~3배 크기에 해당된다.

사실 취락고고학 자료에서는 확인이 어렵지만 AD 3세기 집단과 개인이 상당한 수준으로 서열화 되었다는 사실이 분묘자료에서는 훨씬 명확하게 드러난다. 그래서 대형목곽묘들이 분지 중심에 탁월한 입지를 보이면서 축조되어간 지배집단의 고분군이 국읍의 존재를 말해주는 고고학 증거로서 더 설득력이 있다고 말할 수 있다. 그래서 중심고분군이라는 개념이 나오게 된 것이다(이성주 1993).

지난 20년여의 기간 동안 경산 임당취락을 필두로 중심고분군 가까이에서 國의 중심취락, 즉 지배자집단이 거주한 취락의 조사 성과들이 보고되었다. 시기는 다르지만 가야지역 중심고분군 주변 지배집단의 주거유적으로 김해 대성동고분군의 주변 봉황동 일원, 말이산, 신음리고분군 인근의 가야리유적, 그리고 합천 옥전고분군 인근의 성산리유적 등이 발굴 조사되면서 국읍의 형성과 그 실체에 접근해 볼 수 있게 되었다. 이제 잠정적 결론이나마 국읍의 형성을 고고학 자료를 통해 말할 수 있게 된 듯하고 그 경관을 지배엘리트의 거처와 왕릉군의 조합으로 파악될 수 있게 되었다(민경선·김다빈 2018, 강동석 2019, 이춘선 2019, 최경규 2019, 김다빈 2020, 이성주 2017).

엘리트의 거처와 지배집단의 고분군이 국읍 구성의 경관요소 중 가장 중요한 것으로 파악되지만 덧붙여 국읍은 첫째, 집주에 의한 인구증가, 둘째 이념적 중심지로서의 장소성도 중요한 요건으로 전제되어야 한다. 첫째, 국읍 형성의 전제로서 집주의 문제이다. 신석기시대의 집주의 현상은 아직 분명치 않지만 청동기시대에 접어들면 인구분포의 변동이 아주 뚜렷하게 진행되는 양상을 볼 수 있다. 집약농경에 의존한 사회의 전개과정에서 집주에 의한 인구의 증가, 그리고 해체에 의한 분산이 반복되었던 것으로 보인다(이성주 2012). 가령 송국리문화 단계의 부여 송국리유적과 진주 대평리유적의 집주현상이 대표적이라 할 수 있다. 집주현상이 발생한 취락에는 대형건물지, 유력개인묘, 방어시설, 그밖에 의례장소 등이 배치된다. 그러나 상당한 규모로 발전하여 유지되었지만 송국리 집주의 시스템은 무언가의 요인에 의해 한계점을 넘어 더 발전하지 못하고 해체된 듯하다.

초기철기시대의 집주현상은 그리 분명하지 않다. 초기철기시대의 유적 가운데에는 다른 곳보다 인구가 집중되었지만 원삼국시대 이후 분묘축조나 집단의 점유가 점점 희박해지는 장소도 있다. 그러나 중요한 것은 국읍으로 파악된 지역에는 거의 필수적으로 초기철기시대의 유적이 다른 곳보다 집중되고 이념적으로 중요한 장소가 생겨났다(이수홍 2020a,b). 경산 임당유적의 초기철기시대 이중환호가 의례의 장소로서 파악되거니와(김민철 2011), 고김해만 분지 안에 지석묘 배치는 이 지역에 인구의 집중과 함께 이념적 장소가 만들어지는 모습을 뚜렷이 확인할 수 있다. 즉 일직선으로 연결되는 봉황대의 묘역식 지석묘, 애꾸지 구릉의 지석묘, 그리고 구산동 묘역식거석묘는 역사적 기억을 소환하는 이념적 장소로서 이 후 일원이 국읍의 중심지로 자리잡게 하는데 중요한 역할을 한 듯하다(강동석 2019, 이동희 2019, 이성주 2017).

3. 왕성의 축조와 가야연맹

최근 김해, 함안, 합천 등지에서 지배엘리트의 거처들이 발굴된 바 있어 이를 두고 국의 중심지로서 국읍의 존재를 말해주는 고고학적 증거로 삼을 수 있다는 주장들이 나온다. 봉황동토성과 엘리트 주거지, 함안 가야리토성, 그리고 합천 성산리토성 등이 그것인데 발굴조사자들은 이를 가야의 王城으로[1] 보고하고 있다. 이 세 왕성의 축조시기에 대해서는 약간의 시차는 있겠지만 5세기 후반 즈음이라고 알려져 있다. 앞서 국읍의 역사 과정에 대해 간략히 언급하였지만 일차적으로 국읍의 형성의 전

---

1 宮城이란 용어가 더 적절하리라고 본다.

제는 집주와 이념적 장소의 입지라고 말하였다. 그리고 여기에 중심고분군이 형성되면서 국의 중심권역으로서의 국읍이 부상하는 것으로 볼 수 있다. 그러나 국읍의 부상은 그 중심권역에 권력이 집중되는 양상으로만 설명할 수 없다. 주변 집단들의 형성과 통합(강동석 2019, 김다빈 2020), 즉 국읍을 중심으로 주변에 분포하는 기능적, 지역적 집단들의 통합이(김민범 2016) 이루어진다.

국읍 중심권역에 들어서는 왕성은 그 축조가 각각 5세기 후반 전후로 추정되므로 상대적으로 늦은 시기에 이루어진다. 권력이 집중된 국읍 중심권역의 형성과 외연의 확장이 거의 완성되는 단계에 왕성이 축조되는 셈이다. 고구려와 한성백제, 신라 도성의 핵심요소로서의 왕성과는 축조시기도 늦고 규모도 비교될 수는 없다. 그러나 가야 제국의 왕성 축조는 실제 정치권력의 작동이란 측면에서도 중요했지만 상징적으로도 매우 큰 의미를 갖는 사건이었다. 필자의 의견으로는 왕성의 축조가 정치적 전략상으로나 시기적으로 가야연맹체 형성과 유관하지 않을까 한다. 가야 연맹체 형성은 해륙의 관계망을 따라 國 과 그에 버금가는 소규모 정치체들이 연결되어 형성되었다고 본다(이성주 2020b). 이와 같이 형성된 국의 관계망에서 맹주국이 왕성의 축조를 통해 보여주는 권력의 과시는 효과적 정치 전략이었을 것이다.

V. 맺음말

지금까지의 논의를 요약하면 아래와 같다.

첫째, 기본 생활문화로서 주거 건축의 특징과 그 변화를 살펴보면 가야의 권역안에 공통적이라 할 수 있는 주거문화의 특징을 발견하기 어렵다. 이는 정치적 공간으로서 가야의 권역은 생활문화나 종족적 공통성을 기반으로 형성된 것 같지 않고 가야의 권역이라는 것은 정치적 관계로 형성되었고 그 등장시기도 생각보다 늦은 듯하다.

둘째, 가야 주거와 취락의 물질적 양상을 구축된 환경으로 전제하고 그 안에서 주민들이 그것과 어떻게 상호작용 했는가를 분석한다는 관점에서 접근하면 가야인의 생활방식에 좀 더 구체적으로 접근할 수 있다고 보았다. 그 중 하나의 논의로 영남서부와 동부의 저장방식을 비교했다. 동부에 비해 서부에서 가내 저장의 비중이 높은 사실이 확인되는데 이는 주거지 규모의 차이 및 수혈 및 고상창고 이용방식과 관계될 수 있음을 지적했다.

셋째, 가야는 해륙의 관계망을 따라 국들이 연결된 연맹체를 구성했다. 여기서 국은 그 중심지인 국읍의 존재로 파악될 수 있는데 국읍의 고고학적 근거는 지배엘리트의 주거와 중심고분군의 조합이었다. 국읍은 초기철기시대 주민의 집주로 인해 중심지로서 출발하게 된다. 이후 국읍은 이념적·상징적 공간으로서 중심고분군이 조성되면서 중심지적 성격이 강화되고 주변집단의 분화와 통합의 진행과 함께 왕성의 축조로 마무리된다.

참고문헌

Rachel Lee·윤호필·박용근, 2013, 「무문토기시대 家口연구: 미세형태학적 분석을 통해서」, 『주거의 고고학』, 제37회 한국고고학전국대회, 韓國考古學會, pp. 162-92.
강동석, 2018, 「아라가야의 공간 구조」, 『아라가야의 역사와 공간』, 제10회 아라가야 국제학술심포지엄, pp. 133-58.
강동석, 2019, 「GIS를 이용한 가락국 「국읍」의 경관 분석과 해석」, 『韓國考古學報』 113, pp. 80-113.
강숙이, 2011, 「3~6세기 경남서부지역 주거지에 대한 일고찰」, 『慶南研究』5, pp. 30-65.
공봉석, 2008, 「경남 서부지역 삼국시대 수혈건물지의 구들 연구」, 『韓國考古學報』 66,

pp. 90-121.

공봉석, 2013, 「영남지방 원삼국·삼국시대 주거」, 『주거의 고고학』, 제37회 한국고고학 전국대회, pp. 129-146.

공봉석, 2015, 「신라·가야 취락의 분화와 전개」, 『嶺南考古學』 73, pp. 28-49.

공봉석, 2016, 「가야의 주거와 취락」, 중앙문화재연구원 편, 『가야고고학개론』, 서울: 진인진, pp. 124-58.

권오영, 1996, 「三韓의 '國'에 대한 硏究」, 서울大學校大學院文學博士學位論文.

김 현, 2006, 「南海岸 쪽구들住居址 登場에 대한 小考」, 『石軒 鄭澄元敎授 停年退任紀念論叢』 釜山考古學硏究會·論叢刊行委員會, pp. 349-373.

김다빈, 2020, 「금관가야 사회의 중심과 주변」, 『嶺南考古學』 88, pp. 39-73.

김민범, 2016, 「철기의 조합양상을 통해 본 지역집단과 구성원」, 『韓國考古學報』 101, pp. 44-89.

김민철, 2011, 「林堂丘陵 環濠의 年代와 性格」, 『慶北大學校考古人類學科30周年紀念 考古學論叢』, 大邱: 慶北大學校出版部, pp. 211-246.

김범철, 2018, 『가옥 가족 가구: 靑銅器時代 사회변화에 대한 家口考古學의 이해』, 청주: 충북대학교 출판부.

김세기, 2003, 『고분 자료로 본 대가야 연구』, 서울: 학연문화사.

김세기, 2017, 「대가야 고대국가론」, 『쟁점 대가야사: 대가야의 국가발전단계』, 대가야박물관·(재) 대동문화재연구원, pp. 109-146.

김태식, 1993, 『加耶聯盟史』, 서울: 一潮閣.

김태식, 2014, 『사국시대의 가야사 연구』, 서경문화사.

민경선·김다빈, 2018, 「금관가야 중심지로서의 봉황동 유적」, 『韓國考古學報』 109, pp. 106-41.

박강민, 2007, 「西部慶南地域의 三韓時代 住居址 小考」, 『東亞文化』 2·3合輯, 東亞細亞文化財硏究院, pp. 209-229.

박천수, 1996, 「大加耶의 古代國家 形成」, 『碩晤尹容鎭敎授停年退任紀念論叢』, 紀念論叢刊行會, pp. 377-402,

백승옥, 2014, 「加耶諸國의 存在形態와 '地域國家論'」, 『지역과 역사』 34, pp. 71-104.

백승충, 1995, 『加耶의 地域聯盟史 硏究』, 釜山大學校大學院博士學位論文.

송만영, 2016, 「중부 지역 원삼국~백제 한성기 타날문 시루의 지역성과 편년」, 『호남고고학보』 52, pp. 40-65.

심광주, 2019, 「가야리토성의 축성법과 의의」, 『아라가야의 전환기, 4세기』, 창원대학교 경남학연구센터 아라가야 학술총서 2, 서울: 도서출판 선인, pp. 217-247.

심봉근, 1998, 『梁山 平山里遺蹟』, 東亞大學校博物館.

여호규, 2018, 「삼국형성기\ 문헌사와 고고학의 접점 」, 『韓國上古史學報』 100, pp. 109-36.

이나영, 2010, 「3~4세기 원형계 수혈주거지의 복원에 대한 연구」, 『慶南硏究』 2, pp.

70-107.

이동희, 2013, 「三國時代 南海岸地域 住居·聚落의 地域性과 變動」, 韓日聚落硏究會 編, 『韓日聚落硏究』. 서울: 서경문화사, pp. 591-604.

이동희, 2019, 「고김해만 정치체의 형성과정과 수장층의 출현」, 『嶺南考古學』 85, pp. 147-93.

이성주, 1993, 「1-3세기 가야 정치체의 성장」, 『韓國古代史論叢』 5, pp. 69-209.

이성주, 2009, 「原三國·三國時代 嶺南地域 住居와 聚落硏究의 課題와 方法」, 嶺南考古學會 編, 『原三國·三國時代 嶺南地域 住居와 聚落』, 嶺南考古學會, pp. 7-24.

이성주, 2012a, 「打捺文 甕과 鉢의 生産」, 『백제와 주변세계』, 성주탁교수 추모논총 간행위원회, 서울: 진인진, pp. 615-642.

이성주, 2012b, 「都市와 마을(村落)에 대한 고고학적 논의」, 『考古學』, pp. 5-31.

이성주, 2014, 「저장용 대형단경호의 생산과 한성 백제기의 정치경제」, 『韓國上古史學報』 86, pp. 53-82.

이성주, 2017, 「辰弁韓 國의 形成과 變動」, 『嶺南考古學報』 79, pp. 27-62.

이성주, 2018, 「국읍으로서의 봉황동유적」, 『김해 봉황동유적과 고대 동아시아』 김해시·인제대학교 가야문화연구소, pp. 179-224.

이성주, 2020a, 「原三國·三國時代 實用土器의 生産」 『湖西考古學』 47, pp. 102-37.

이성주, 2020b, 「연맹의 고고학」, 『해상세력으로서의 小加耶』, 고성내산리고분군 종합정비계획을 위한 학술심포지엄, 고성군·삼강문화재연구원, pp. 139-157.

이수홍, 2020a, 「영남지역 수장묘의 등장과 사회상」, 『嶺南考古學』 86, pp. 259-76.

이수홍, 2020b, 「영남지역 지석묘문화의 변화와 사회상」, 『가야 선주민의 무덤 영남의 지석묘 사회』 국립김해박물관, pp. 37-53.

이은석, 2019, 「고대왕성의 비교: 아라가야와 신라를 중심으로」 『아라가야의 전환기, 4세기』, 창원대학교 경남학연구센터 아라가야 학술총서 2, 서울: 도서출판 선인, pp. 161-175.

이창희, 2005, 「三韓時代 南海岸의 日常土器 硏究」, 釜山大學校 碩士學位論文.

이춘선, 2019, 「아라가야 추정 왕성지(가야리 유적-사적 554호-) 연구」 『아라가야의 전환기, 4세기』, 창원대학교 경남학연구센터 아라가야 학술총서 2, 서울: 도서출판 선인, pp. 171-215.

이형기, 2009, 『大加耶의 形成과 發展 硏究』, 서울: 경인문화사.

이희준, 2000, 「三韓 小國 形成過程에 대한 考古學的 接近의 틀」, 『韓國考古學報』 43, pp. 113-138.

이희준, 2003, 「합천댐 수몰지구 고분자료에 의한 대가야국가론」, 부산대학교 한국민족문화연구소 편, 『가야 고고학의 새로운 조명』, 서울: 도서출판 혜안, pp. 199-235.

이희준, 2017, 『대가야고고학연구』, 서울: 사회평론.

이희진, 2015, 「주거지 내부공간 이용상 연구와 토양분석 -천안 백석동 고재미골 유적 세장방형 주거지의 분석사례-」, 『湖南考古學報』 50, pp. 4-28.

이희진, 2019, 「청동기시대 실내 공간의 기능적·문화 적 측면에 대한 지질고고학적 연구」, 『湖西考古學』 44, pp. 82-109.

전세원, 2017, 「영산강 상류역 원삼국-삼국시대 취락 연대 재고」, 『嶺南考古學』 79, pp. 63-100.

정지왕, 2017, 「북한강유역 중도식 주거지 내부공간 활용의 변천」, 경북대학교대학원 석사학위논문.

최경규, 2019, 「가야왕성의 공간구조와 경관」, 『고대 도성과 월성의 공간구조와 경관』, 제51회 한국상고사학회 학술대회, 국립경주문화재연구소·한국상고사학회, pp. 126-49.

하승철, 2013, 「4~6世紀 南江水系 聚落 出土 土器의 編年」, 韓日聚落研究會 編, 『韓日 聚落研究』, 서울: 서경문화사, pp. 591-604.

한국고고학회 편, 2013, 『주거의 고고학』, 제37회 한국고고학전국대회, 韓國考古學會.

함순섭, 2008, 「嶺南地方 三韓·三國時代 살림집의 復原研究」, 『東垣學術論文集』 9, pp. 8-28.

Earle, T. K. 2000, Archaeology, property, and Prehistory, *Annual Review of Anthropology* 29, pp. 39-60.

Ingold, T. 2000, Building dwelling, living: How animals and people make themselves at home in the world, In Ingold T. (ed), *The Perception of the Environment: Essays in Livlihood, Dewlling and Skill*, london; Routledge, pp. 172-88.

Rapoport, A. 1982, *The Meaning of the Built Environment: a nonverbal communication approach*, Beverley Hills: Sage.

Renfrew, C. 2001, Commodification and institution in group-oriented and individualizing societies, *Proceedings of the British Academy* 100, pp. 93-117.

Renfrew, C. and Bahn, P. 2016, *Archaeology: Theories, Methods and Practices*, London: Thames and Hudson.

Renfrew, C. and Level, E. V. 1979, Exploring dominance: predicting polities from centers, In Renfrew, C. and Cooke, K. L. (ed), *Transformation, Mathematical Approaches to Culture Change*, New York: Academic Press: pp. 145-168.

2

가야 집모양 토기의 제작과 출토 사례

민경선 국립경주문화재연구소

I. 머리말
II. 집모양 토기의 출토 사례
   1. 경주 사라리 5호 목곽묘 출토 토기
   2. 창원 진해 석동 415호 목곽묘 출토 토기
   3. 함안 말이산 45호 목곽묘 출토 토기
   4. 김해 봉황동 유적(가구역) 건물지 주변 출토 토기
   5. 창원 다호리 B1호분 서쪽 주구부 출토 토기
   6. 부산 기장 가동 Ⅰ-2호 석곽묘 하부 목곽묘 출토 토기
   7. 함안 소포리 유적 71호 주혈 출토 토기
   8. 출토지 미상 토기
III. 가야 집모양 토기의 특징
   1. 기록에서 본 가야의 집
   2. 가야 집모양 토기의 특징
IV. 맺음말

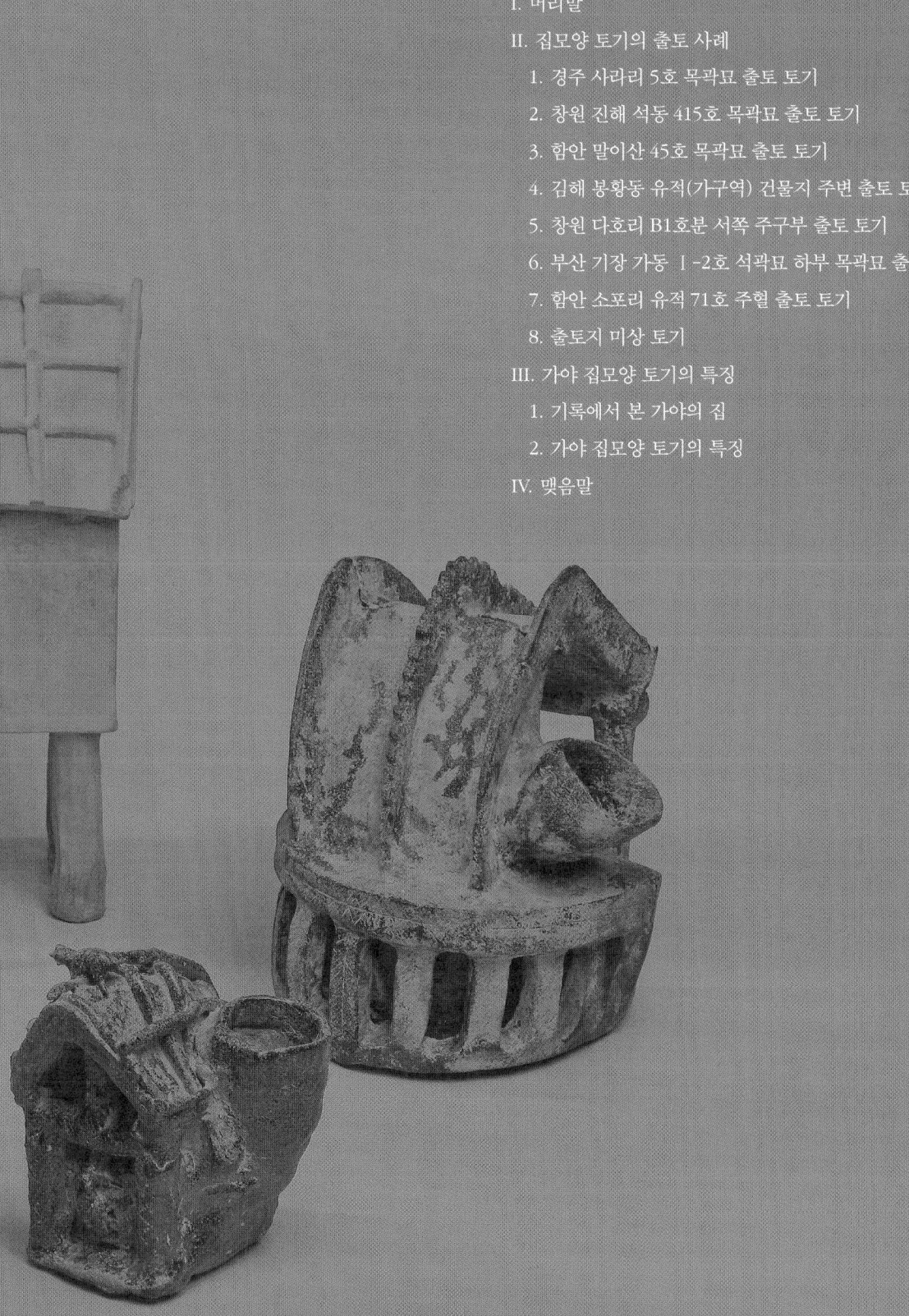

I. 머리말

'집'은 인간이 삶을 영위하는 공간으로, 당시 인간의 생활상을 비롯하여 환경, 사회상 등 많은 부분을 내포하는 인류 문명의 산물 중 하나이다. 따라서 인류의 문명이 발달하면서 당시 사용한 집 또한 발전된 형태로 변화하여 왔을 것이다. 그러나 지금 우리는 당시의 그 모습을 온전히 알 수는 없다. 특히 고대 이전의 집에 대해서는 문헌과 일부 고고자료에서만 파악되고 있다. 더구나 고고자료는 하부 구조만 일부 확인되는 정도라 상부 구조를 복원하기가 쉽지 않다. 고대 집의 모양을 참고할 수 있는 자료로는 고구려의 고분 벽화와 발굴조사된 각종 건물지 유구 등과 함께 지금까지 확보된 20여 점의 집모양 토기(가형 토기)[1]를 들 수 있다.

집모양 토기는 최근 들어 가야 지역에서 여러 점이 추가로 발굴되고 있다. 이 토기들은 개체 수도 적고 출토지가 불분명한 것들이 많아 이에 대한 연구가 활발히 이루어지진 않았다. 집모양 토기에 대해서는 일찍부터 다루어지긴 하였으나(김원룡 1969), 이후 신라 지역을 중심으로 논하거나 토우, 이형 토기, 상형 토기의 일부로 다루어지는 경우(이능세 1984, 이난영 1993; 2000, 홍보식 2015)가 대부분이었다. 또한 외형적인 특징을 중심으로 하여 토기의 기능성에 대한 연구(신인주 2001)로 이루어졌고, 일부 건축학적 연구(함순섭 2008, 김상태 2015)가 진행되기도 하였다.

본 발표로써 기존의 연구 성과를 넘어서기는 어려우나, 지금까지 확인된 집모양 토기에 대하여 가야 지역을 중심으로 최근 출토 사례를 추가로 소개하며, 토기에서 표현한 조형적인 특징으로써 건물의 구조를 파악하여 정리해 보고자 한다.

---
1 집모양 토기의 형태는 가옥과 창고의 형상을 하고 있는데, 이에 대하여 엄밀히 명명하자면 '건물모양 토기'가 맞겠으나, 집이 상징적으로 건물을 통칭한다고 보고 일반적으로 사용하고 있는 '집모양 토기(가형 토기)'를 따르고자 한다.

II. 집모양 토기의 출토 사례

최근 김해 봉황동 유적과 함안 말이산 고분군에서 집모양 토기가 추가로 발굴되면서 지금까지 우리나라에서 삼국시대 집모양 토기는 23점이 확인되었다(표 1). 출토지와 출토된 곳으로 추정되는 지역별로 살펴보면, 고구려 지역에서 1점, 백제 지역(추정)에서 2점, 신라·가야의 문화권인 영남 지역에서는 20점이 있다. 그 시기는 4세기대부터 확인되며, 대부분 5~6세기대의 것이다. 출토지가 분명한 토기들은 모두 9점으로 김해 봉황동 유적과 함안 소포리 유적 2건을 제외하고는 모두 고분에서 출토되었다.

집모양 토기의 용도는 후술하겠으나, 대부분 음용수를 담아 사용하는 주기로 보았는데, 주입구와 주출구의 위치나 크기 등이 실용적이지 못한 것들도 많다. 이는 실제 사용 가능한 주구를 점차 상징적으로 표현하였거나, 처음부터 건물의 일부를 과장되게 형상화한 의례용기로서 제작되었을 가능성도 커 보인다.

이 토기들은 건물 구조에 따라 그 형태와 다른 성격의 건물을 표현하고 있다. 지붕은 초가와 와가로 구분되며, 구조는 크게 고상식과 지상식으로 구분된다. 각 토기의 특징들을 보면 공간적으로 분류하기는 어렵다. 시간적인 특징은 지붕의 형태에서 나타나는데, 시기는 보고된 자료에 따라 적용하였으며 일부 부정확한 부분이 있으나 큰 흐름상으로는 초가 지붕에서 와가의 형태로 변하는 것으로 보인다.

이들 중 영남 지역에서 출토되거나 수습되었다고 추정되는 집모양 토기들의 각 특징을 살펴보고자 한다.

[표1] 삼국시대 집모양 토기의 출토 현황
※ 음영 표시는 출토지 확인, 시기순(보고서 기준, 출토지 미상은 신인주(2001)의 안 참고) 나열, 축척 부동

	집모양 토기	출토지	시기	크기(높이)	구조 / 지붕	소장처 (조사기관)
1		경주 사라리 5호 목곽묘	4C	20.3cm	고상식 / 초가지붕	국립경주박물관 (영남매장문화재연구원)
2		창원 진해 석동 415호 목곽묘	4C	17.8cm	고상식 / 초가지붕	국립김해박물관 (동아세아문화재연구원)
3		함안 말이산 45호분	5C	19.4cm	고상식 / 초가지붕	함안박물관 (두류문화연구원)
4		함안 말이산 45호분	5C	-	고상식 / 초가지붕	함안박물관 (두류문화연구원)
5		미상	5C	11.5cm	고상식 / 초가지붕	경북대학교박물관 (-)
6		미상	5C	13.5cm	고상식 / 초가지붕	이화여자대학교 박물관 (-)
7		傳 경남	5C	17.4cm	고상식 / 초가지붕	일본 동경국립박물관 ※ 小倉武之助 수집품

	집모양 토기	출토지	시기	크기(높이)	구조 / 지붕	소장처 (조사기관)
8		傳 창녕	5C	16.0cm	고상식 / 초가지붕	숭실대학교 한국기독교박물관 (-)
9		傳 진주	5C	20.3cm	고상식 / 초가지붕	삼성미술관 리움 (-)
10		미상	5C	14.1cm	고상식 / 초가지붕	아모레퍼시픽 미술관 (-)
11		미상	5C	15.5cm	고상식 / 초가지붕	호림미술관 (-)
12		김해 봉황동 건물지 주변 (금관가야 추정 왕궁지, 가구역)	5C	5.8cm	지상식 (복층) / 초가지붕	국립가야문화재연구소 (국립가야문화재연구소)
13		傳 현풍	5C	12.5cm	지상식 (복층) / 초가지붕	국립중앙박물관 (-)
14		미상	5C	11.9cm	지상식 (복층) / 초가지붕	삼성미술관 리움 (-)

	집모양 토기	출토지	시기	크기(높이)	구조 / 지붕	소장처 (조사기관)
15		미상	5C	16.8cm	지상식 (복층) / 초가지붕	삼성미술관 리움 (-)
16		傳 평양철교 ※ 고구려	5C	8.3cm	단층식 / 기와지붕	국립중앙박물관 (-)
17		창원 다호리 B1호분 서쪽 주구부	6C	(복원 높이) 28.0cm ※ 복원품 / 지붕·벽체·기둥 일부 잔존	고상식 / 초가지붕	국립중앙박물관 (국립중앙박물관)
18		창원 다호리 B1호분 서쪽 주구부	6C	(잔존 높이) 9.0cm ※ 복원품 / 지붕 일부 잔존	고상식 / 초가지붕	국립중앙박물관 (국립중앙박물관)
19		기장 가동 1-2호 석곽 하부 목곽묘	6C?	19.3cm	지상식 (복층) / 초가지붕	정관박물관 (부경문물연구원)
20		미상	6C	35.0cm	지상식 (단층) / 기와지붕	삼성미술관 리움 (-)
21		함안 소포리 71호 주혈	6~7C	7.3cm	지상식 (단층) / 기와지붕	국립김해박물관 (경남발전연구원 역사문화센터)

	집모양 토기	출토지	시기	크기(높이)	구조 / 지붕	소장처 (조사기관)
22		미상 ※ 백제 추정	6C 이후	(길이) 57.0cm	지상식 (단층) / 기와지붕	호암미술관 (-)
23		미상 ※ 백제 추정	6C 이후	15.2cm	지상식 (단층) / 기와지붕	다보성 고미술전시관 (-)

1. 경주 사라리 5호 목곽묘 출토 토기

경주 사라리 고분군은 신라 중심지역이지만, 영남 지역에서 확인되는 집모양 토기들을 비교 검토하기 위해 형태를 살펴보고자 한다. 이 토기는 높이 20.3cm로 큰 편이다. 4세기대의 것으로, 기존 연구에서는 고상식으로 분류되어 왔다. 그런데 하부 기둥이 원통형으로 하단이 벌어진 형태를 하고 있어, 이를 기둥이 아닌 토기 각부로 보면 지상식 건물로 분류할 수 있을 것이다. 토기 외면에 문양이 없고 형태도 단순화한 것으로 보인다. 건물 본체는 직육면체에서 상부가 넓어지는 형태로 점토판을 붙여 만들었다. 정면에 문은 음각 선으로 표현하고, 빗장둔테와 같이 중간에 구멍을 뚫은 반원상의 손잡이를 크게 부착하였다. 그 위로 점토띠를 붙여 보와 대공을 표현하였다. 지붕은 맞배형 초가지붕으로 용마루 각이 완만하고 처마 끝이 살짝 들린 느낌이다. 지붕 한쪽 면의 아래쪽으로 굴뚝의 형상을 한 주구가 마련되어 있고, 건물 본체에 다른 구멍은 없다.(표 1-1 그림 참조)

2. 창원 진해 석동 415호 목곽묘 출토 토기

이 토기는 높이 17.8cm이고, 시기는 4세기 후반으로 보고 있다. 하부 기둥이 바로 서 있진 않지만 완전한 형태인 고상건물의 모습이다. 바닥에 받침판을 두고 9주의 원형 기둥을 세웠다. 하부가 한쪽으로 약간 누워졌는데, 이는 소성 시 기울어진 것으로 보인다. 건물 본체는 반듯한 직육면체이며 점토판을 붙여 만든 것으로 보인다. 외벽 전면에는 문양을 새겨 넣었다. 측면은 횡으로 4단을 구획하여 삼각집선문과 사격자문을 시문하였고, 정면에는 중앙에 횡으로 보를 두고 아래에 빗장을 걸어놓은 문을 표현해 놓았다. 문 옆으로 좌우에는 송엽문을, 그 아래에는 삼각집선문을, 보 위로는 사격자문을 시문하였다. 합각부 쪽에는 주출구가 나 있고, 지붕의 왼쪽 중간 부분에 주입구가 마련되어 있다. 지붕은 박공을 가진 맞배형 초가지붕으로 박공은 나무를 덧댄 듯 솟아 있고, 약하게 문양이 확인된다. 뒤쪽에는 점토판을 덧댄 흔적이 보인다.(표 1-2 그림, 사진 1·2 참조)

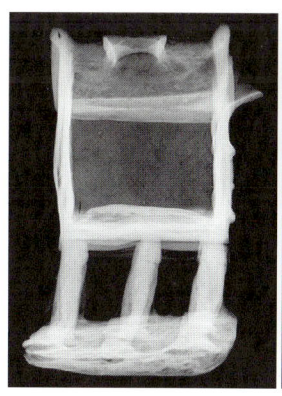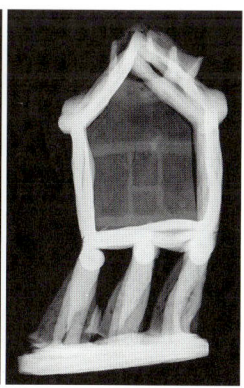

[사진 1] 창원 진해 석동고분 출토 집모양 토기(좌: 정면 및 좌측면, 우: 정면)

[사진 2] 창원 진해 석동고분 출토 집모양 토기 X선 사진 (좌: 우측면, 우: 정면)

3. 함안 말이산 45호 목곽묘 출토 토기

가장 최근에 조사된 4~5세기대의 무덤인 함안 말이산 45호분에서는 배, 오리, 등잔 모양 등의 다른 상형 토기와 함께 집모양 토기 2점이 출토되었다. 1점은 높이 19.4cm로 완형에 가깝고, 다른 한 점은 해체된 듯이 편으로 출토되었다. 구조는 두 점이 동일하다. 바닥에 받침판을 두고 9주의 원형 기둥을 세웠다. 건물 본체는 직육면체에 상부가 약간 넓어진다. 문과 창문은 침선으로 표현하였고, 보나 문틀에는 사격자문을 새겼으며, 문에는 종으로 빗장둔테를 길게 두고 위아래로 2개의 빗장을 걸어놓았다. 뒷면 합각부 아랫부분에 대롱모양으로 주출구가 있는데, 이는 앞의 유물들보다는 좁게 위쪽으로 치켜들 듯 마련하였다. 지붕은 맞배형의 초가지붕으로 점토띠를 격자상으로 붙여 이엉 위에 엮어놓은 새끼줄을 형상화한 것으로 보고 있다. 그 바깥으로 지붕의 가장자리 전면에는 사격자문이 시문되어 있다. 지붕 뒤쪽으로 용마루에 굴뚝처럼 주입구가 마련되었는데, 나팔모양으로 위쪽이 넓어진다.(표 1-3 그림, 사진 3 참조)

한편 훼기되어 나온 토기의 경우는 지붕, 벽체 정면부와 측면 일부,

  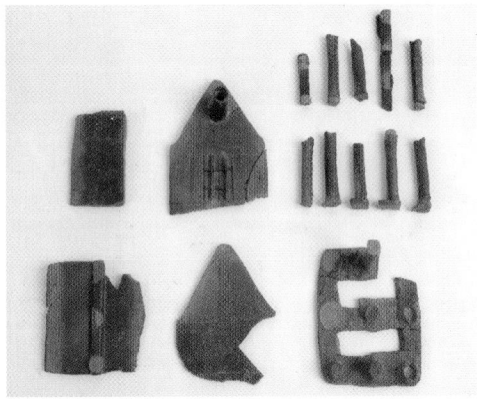

[사진 3] 함안 말이산 45호분 출토 집모양 토기-1(좌: 정면, 우: 좌측면)

[사진 4] 함안 말이산 45호분 출토 집모양 토기-2(잔존부)

받침판의 일부와 대부분의 기둥이 남아 있다. 지붕은 역시 맞배형에 초가지붕인 것으로 보인다. 본체 정면의 합각부 위치에 대롱 형태의 주구가 앞으로 곧게 나 있고, 문은 전술한 토기와 같이 빗장둔테를 길게 두고 위아래로 빗장을 걸어둔 모습을 표현하였다. 받침판은 앞의 것은 통판으로 되어 있는데, 이 토기의 경우는 기둥 자리 아래에만 대를 둘러 '日'자의 형태를 띠고 있다.(표 1-4 그림, 사진 3·4 참조)

4. 김해 봉황동 유적(가구역) 건물지 주변 출토 토기

이 토기 역시 최근에 발굴된 유물로, 금관가야 추정 왕궁지로 알려진 김해 봉황동 유적(봉황동 312번지 일대 유적, 가구역)에서 5세기대 건물지 주변에서 출토되었다. 지금까지 확인된 대부분의 집모양 토기들과는 다르게 고분이 아닌 건물지, 즉 생활유적에서 출토되었고, 건물의 모양도 고상식이거나 특수한 형태가 아닌 일반 가옥을 연상케 하는 형태를 띤다. 이는 지상식으로 분류될 수 있으며, 중층식 또는 복층식이라 할 수 있다. 또한 크기도 5.8cm로 작아, 일반 토기라 하기보다 토우의 범주 안에 넣는 것이 타당해 보인다(김다빈·민경선 2018). 바닥판은 평평하고 마당과 같이 건물 본체의 앞쪽으로 더 나와 있다. 본체의 전면은 평면적인데 비해 측면에서부터 후면까지는 둥글게 만들어 전체 평면 형태가 반원상을 띤다. 전면의 상단에는 방형에 윗부분이 아치형을 띠는 모양으로 문이 뚫려 있고, 문짝은 여닫이로 양쪽 모두 바깥으로 열려 있다. 문 아래에는 바닥에서부터 'ㄷ' 모양으로 점토띠를 붙여 단 시설을 마련하였다. 이 토기에는 주구 형태의 구멍은 없고, 오른쪽 측면에 원형의 투공이 매끈하게 나 있다. 이는 토기의 기능 중 일부일 수도 있으나 환기구를 형상화한 것으로 추정된다. 지붕은 초가지붕으로 정면은 박공이 있는 맞배형을 띠는데, 후면으로 둥글게 떨어져 건물 뒷벽과 일체가 된다. 외면에 문양은 없

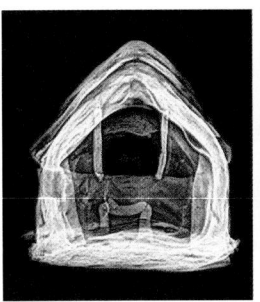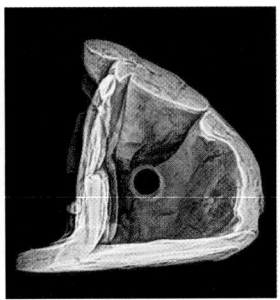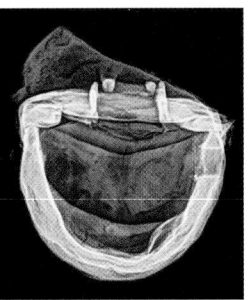

[사진 5] 김해 봉황동 유적 출토 집모양 토기(좌부터: 정면 사진, 후면·좌측면·상면 CR 사진)

다.(표 1-5 그림, 사진 5 참조)

5. 창원 다호리 B1호분 서쪽 주구부 출토 토기

창원 다호리 B1호분 서쪽 주구 내 제사유구에서도 2점이 출토되었고, 6세기대로 보고 있다. 2점 모두 파손되어 남아 있는 지붕, 벽체, 기둥으로 토기를 복원하였다. 두 점의 형태는 거의 같다. 다른 집모양 토기들은 회청색 또는 회흑색의 경질 소성인데, 이들은 흙이 묻어 있으나 회백색을 띠며 일부 자연유가 흡착되어 있다. 기둥 접지면에 약간의 초본흔이 확인되었다. 다른 토기들과 다르게 받침판은 없고, 원형으로 다듬은 8주의 기둥을 세웠다. 건물 본체는 직육면체인데, 넓은 면이 정면을 향한다. 정면 중앙에는 방형의 문이 뚫려 있고, 여닫이의 문짝이 모두 밖으로 열려 있으며, 문상방과 하방을 약하게 표현하였다. 둘 중 한 점은 문 하방에서부터 바닥까지 길게 놓인 사다리가 있는데. 통나무를 디딤 부분에 홈을 파 만든 형태이다. 지붕은 박공이 있는 맞배형 초가지붕으로 보이며, 박공 부분은 나무를 댄 듯이 솟아 있다. 지붕 위에는 전면에 점토띠를 격자로 부착하여 이엉에 새끼줄을 엮은 모습을 형상화 한 것으로 보인다. 지붕 안에 종도리와 대공이 있고, 합각부는 양쪽 모두 뚫려 있다.(표 1-17·18 그림, 사진 6·7 참조)

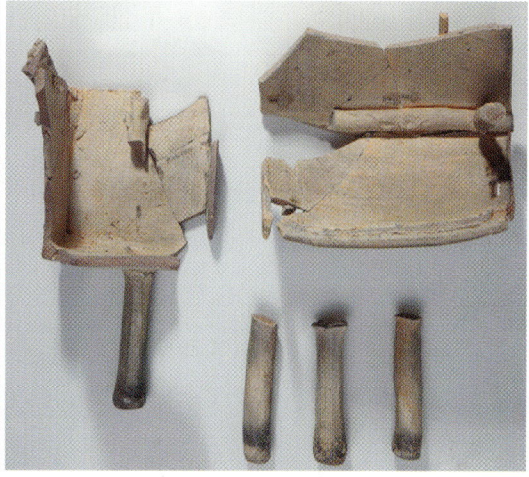

[사진 6] 창원 다호리고분 출토 집모양 토기 복원 전 모습(좌: 지붕 외면, 우: 지붕 내면)

[사진 7] 창원 다호리고분 출토 집모양 토기 복원 후 모습(좌: 정면 및 측면, 우: 우측면)

2 가야 집모양 토기의 제작과 출토 사례

6. 부산 기장 가동 I-2호 석곽묘 하부 목곽묘 출토 토기

　　기장 가동 고분에서 출토된 이 토기는 특이한 형태를 띤다. 높이 19.3cm로 지상식의 복층 구조로 보이는데, 바닥에 말각방형에 가까운 받침판을 두었고, 바닥에 지름 2cm 정도의 원형 구멍 6개를 뚫어 놓았다. 앞은 통주식의 납작한 방형 기둥 2개를 세웠고, 평면 형태가 반원상인 건물 본체를 만들고 가장자리로는 낮은 방형 기둥을 돌렸다. 건물 본체 상단 중앙에서 오른쪽으로 뻗어나온 원통형의 주구가 마련되어 있다. 주구가 시작되는 중앙부에 출입시설이 있는데, 문상방과 문지방을 표현하였다. 지붕은 건물 후면에서 앞쪽의 통주식 기둥으로 이어져 처마와 같이 마련되었다. 측면이 맞배형을 띠는 초가지붕으로 보인다. 박공 부분은 나무를 댄 듯 솟아 있고, 지붕 중앙에는 거치상으로 표현된 판형 띠가 박공면과 나란히 돌출되어 있다. 건물 정면의 통주와 건물 가장자리로 돌아가는 기둥은 송엽문을 시문하였다. 박공과 건물 정면부에는 삼각집선문을 시문하였는데, 건물 본체 정면부의 중앙에는 기둥과 같이 송엽문을 새겨 놓아 나무 기둥을 표현한 것으로 추정된다. 이 토기는 다른 집모양 토기들과는 형태상 차이가 있으며, 신전과 같은 특수한 건물로 추정하고 있

[사진 8] 부산 기장 가동고분 출토 집모양 토기 (좌: 우측면 및 정면, 우: 정면)

다. 구조적으로는 지상식의 복층 구조로 보인다. 바닥의 구멍 역시 정확한 용도는 알 수 없으나 유물의 착장공으로 보기도 한다.(표 1-19 그림, 사진 8 참조)

7. 함안 소포리 유적 71호 주혈 출토 토기

이 토기도 김해 봉황동 유적 출토 토기와 같이 생활유적에서 출토되었다. 높이 7.3cm로 크기도 작아 토우의 범주에 드는 것으로 보인다. 이는 6~7세기대의 것으로, 지상식이고 단층식으로 보인다. 평면 형태가 장방형을 띠는데, 넓은 면이 정면을 향하고 상부로 좁아지는 사다리꼴의 형태를 하였다. 건물 본체에 음각 선문이 시문되었는데, 측면에는 방형의 문을, 정면에는 나무 모양을 표현한 것으로 보인다. 정면 중앙에는 원형의 투공이 매끈하게 나 있다. 지붕은 팔작지붕의 형태를 띠고, 용마루 양쪽 끝이 치미를 올린 듯이 들린 모습이다. 지붕에는 음각 선으로 격자문을 시문하였는데, 이는 기와를 표현한 것으로 보여 와가로 추정된다.(표 1-21 그림, 사진 9 참조)

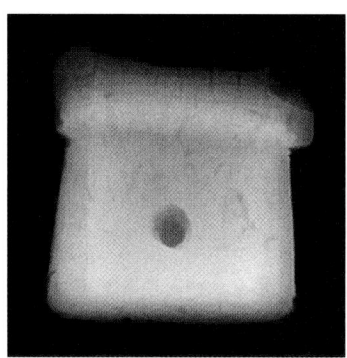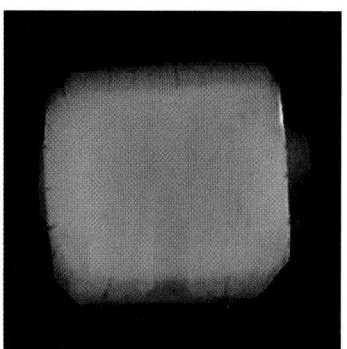

[사진 9] 함안 소포리 유적 출토 집모양 토기(좌: 우측면 및 정면, 중·우: 정면·상면 X선 사진)

8. 출토지 미상 토기

이상 전술한 토기들 외에 출토지를 알 수 없는 토기들은 10점이다. 그중 고상식은 7점, 지상식이 3점이다.(표 1, 사진 10·12 참조)

고상식에는 경북대학교박물관 소장품, 이화여자대학교박물관 소장품, 일본 동경국립박물관 소장품(傳 경남 출토), 숭실대학교 한국기독교박물관 소장품(傳 창녕 출토), 삼성미술관 리움 소장품(傳 진주 출토), 아모레퍼시픽미술관 소장품, 호림미술관 소장품 등 표 1에서 5~11번 토기가 해당된다.(사진 10) 이 토기들의 시기는 5세기대의 것으로 보고 크기는 11~20cm 내외이다. 대부분 맞배형 초가지붕인데, 8번 토기는 측면이 아치형을 이루며 정면에 차양과 같이 평평한 지붕이 덧붙어 있으며 건물 하부 기둥의 높이 등 전체적인 모습이 이질적이다. 6~8번 토기는 주구가 2개씩 마련되어 있는데, 주입구는 용마루 중앙에 나 있고, 6번은 좁게 나 있고 파손되었으며 7·8번은 짧지만 넓은 형태이다. 주출구의 경

경북대학교박물관 소장   이화여자대학교박물관 소장   일본 동경국립박물관 소장 (傳 경남 출토)   숭실대학교 한국기독교박물관 소장 (傳 창녕 출토)

삼성미술관 리움 소장 (傳 진주 출토)   아모레퍼시픽미술관 소장   호림미술관 소장

[사진 10] 영남 지역 출토지 미상 집모양 토기(고상식 / 좌 상단부터 표 1의 5~11)

[사진 11] 중요민속자료 제247호 봉화 설매리 3겹 까치구멍집(문화재청 2010)   [사진 12] 전통가옥의 봉창

우 6·7번은 합구부 위치에 대롱 모양으로 좁게 뻗어 있고, 8번은 덧붙은 지붕 위에 주입구와 비슷하게 넓은 형태로 사방향으로 위쪽을 향하고 있다. 5·9·10·11번 토기는 주구가 1개인데, 5번은 지붕 한 면 상단에 넓고 짧게 나 있다. 9~11번은 정면부에 그릇 절반이 붙은 모양으로 마련되어 있다. 그중 9번은 처마 아래 벽체의 측면 상단으로 작은 구멍 3개가 나란히 나 있다. 이는 우리나라 전통 가옥 중 까치구멍집이나 봉창과 같이 벽면 상단의 환기구나 채광창을 표현한 것으로 추정된다(사진 11·12). 7·9·10·11번은 9주식의 원형 기둥이 있고, 지붕과 벽면에 사격자문, 삼각집선문 등의 문양을 시문한 것이 공통적인 특징이다.

한편, 지상식의 경우는 국립중앙박물관 소장품(傳 현풍 출토), 삼성미술관 리움 소장품 2점 등 표 1의 13~15번 토기 3점이 해당된다.(사진 13) 이들은 모두 박공이 있는 맞배형 초가지붕으로 보이는데, 13번은 정면은 맞배형이고 후면은 둥글게 떨어지는 모습으로 김해 봉황동 유적 출토 토기와 유사한 지붕 형태를 띠고 있다. 14번도 13번과 유사하나 후면까지 맞배형으로 용마루를 유지하면서 약간의 곡선을 이루는 형태이고, 15번도 14번과 유사한데 좀더 맞배지붕에 가깝다. 14·15번의 박공 부분

| 국립중앙박물관 소장 | 삼성미술관 리움 소장 | 삼성미술관 리움 소장 |
| (傳 현풍 출토) | | |

[사진 13] 영남 지역 출토지 미상 집모양 토기(지상식 / 좌부터 표 1의 13~15)

은 나무를 댄 듯 돌출되어 있다. 이들 모두 지붕 위에는 점토띠로 장식하여 이엉 위에 새끼줄의 형상을 하고 있는데, 15번은 납작한 띠에 못 같은 돌기 장식이 띠마다 3개씩 배치되어 있다. 3점 모두 주구가 굴뚝과 같은 형상으로 크게 마련되어 있는데, 15번은 지붕 위 오른쪽 후면 쪽에 있고, 13·14번은 왼쪽 측벽 쪽에서 위로 향해 나 있다. 또한 모두 출입구가 상단에 있고, 사다리가 놓여져 있어 중층식 또는 복층식의 구조로 보인다. 합각부는 뚫려 있다. 13번 토기에는 지붕 위와 건물 쪽에 고양이와 쥐를 만들어 놓기도 했다.

Ⅲ. 가야 집모양 토기의 특징

1. 기록에서 본 가야의 집

고대 집에 대한 기록은 많지 않지만, 문헌과 일부 자료를 통해 대강의 양상을 파악해 볼 수 있다. 고구려는 중국의 문헌이나 고분 벽화를 통해서 '부경(桴京)'이라는 창고를 두었다는 것을 알 수 있고, 백제는 기록이 적으나 대형 목조 우물이나 창고가 있었던 것으로 파악된다. 신라는

『三國史記』屋舍條에서 신분별로 주택의 크기를 규정하고 건축재나 실내장식 등을 제한한다는 기록 등 비교적 구체적으로 전해지고 있다. 그리고 고구려, 백제, 신라는 벽화, 토기, 전돌 등에서 기와 건물이 많이 사용되었던 것을 알 수 있으며, 실제로 발굴조사된 유적에서도 각종 기와류가 다수 출토되고 있다. 물론 시기적인 차이는 있다.

[사진 14] 안악 3호분 벽화 속 부엌의 모습

이에 비해 가야의 집, 건물에 대한 기록은 드물다. 우리나라보다 중국 고문헌에서 변진과 진한을 설명하며 일부 기록을 전하고 있다. 『三國志』魏志 弁辰條에서는 변진이 진한과 섞여 살고, 성곽이 있고, 부뚜막은 서쪽에 둔다는 내용이 있다. 또한 거처는 '초옥토실(草屋土室)'을 만들어 모양이 마치 무덤과 같고, 출입구는 위쪽에 있으며 남녀노소 구별 없이 한 가족이 그 안에 산다고 하였다.[2]

이러한 기록들은 원삼국(삼한)시대의 내용이지만, 가야와 괴리가 있지 않고 자연스럽게 이어졌을 것으로 보아 참고할 수 있을 것이다. 또한 신라와 가야 지역의 건물에서 차이를 찾기도 어려워 그 시기에 사용한 건물의 형태는 크게 다르지 않았던 것으로 보인다. 앞에서 보았듯이 실제 삼국시대 영남 지역에서 확인된 여러 집모양 토기들에서도 공통적인 요소가 보이며, 이는 문헌에서 묘사하고 있는 그 형태와도 맞닿는 부분이 있어 이를 방증하는 것이라 하겠다.

---

2   『三國志』卷30 魏書30 烏桓鮮卑東夷傳 第30
居處作草屋土室 形如冢 其戶在上 擧家共在中 無長幼男女之別.

2. 가야 집모양 토기의 특징

가. 구조 및 형태적 특징

앞서 살펴본 바와 같이 우리나라에서 집모양 토기는 가야와 신라 문화권인 영남 지역에서 많이 확인되고 있다. 출토지가 미상인 것들도 대부분 경남 일대에서 출토한 것으로 전해지고 있다. 그러나 이러한 집모양 토기에서는 형태적으로 지역적인 특징을 구별하기 어렵다. 지역색보다는 필요성에 따라 건물의 성격 또는 구조를 택하였던 것으로 보인다. 다만 6세기대 이후부터는 기와지붕의 건물모양으로 제작되는 특징을 보이고 있다.

구조적인 특징으로 보면 크게 고상식(高床式), 지상식(地床式)으로 구분된다. 지붕은 대부분 초가지붕의 형태를 띠고 있으며, 맞배형으로 박공을 표현한 것들이 많다. 일부 과장된 장식이 많은 경우가 있는데, 이는 대상화한 건물의 구조나 특별한 성격을 표현한 것으로 보인다. 이러한 초가지붕은 건물 구조와 관계없이 공통적으로 택하고 있어, 5세기대까지는 어떠한 형태의 건물이든 지붕은 초가로 하였을 것이라 유추할 수 있다. 따라서 집모양 토기의 형태적인 특징에서 보이는 건축 구조에 따라 구분하여 살펴보면 다음과 같다.

1) 고상식

지금까지 확인된 집모양 토기 중에는 고상식이 13점으로 좀더 많다. 고상식은 말 그대로 바닥이 높게 있다는 뜻으로, 생활면이 지표면에서 떨어져 있는 것이다. 지면에 4주 이상의 기둥을 설치하고, 그 위로 건물 바닥면을 두어 지표면에서 띄워 놓았으며, 건물 안으로 진입할 수 있는 사다리 등 오름 시설을 마련하였다. 고상식 건물은 구조적으로 지면에서의 습기 방지, 침수 예방, 짐승이나 해충으로부터 피해 방지하는 등의 장점을 가진다. 따라서 곳간, 창고의 성격으로 보고 있다. 고상식 집모양

토기는 모두 고분에서 출토되었다. 창원 다호리 고분 출토품을 제외하고는 4~5세기대의 것으로 비교적 앞선 시기부터 제작되었다.

모두 평면 방형의 건물 본체를 만들고 지붕은 맞배형의 초가지붕을 올렸다. 지붕에는 중앙 또는 한쪽에 굴뚝 모양의 큰 주구를 마련하였고, 경주 사라리 출토 토기 등 3점은 한 곳에만 주구를 내기도 하였다. 하부 기둥은 4주, 8주, 9주 등이 있다.

2) 지상식

지상식은 생활면을 지표면에 둔 것이라 할 수 있다(배덕환 2020; 2007). 지상식은 또 내부 구조에 따라 중층식, 단층식으로 구분하기도 하는데(김주호 2014, 신인주 2001), 중층식은 바닥을 이단(二段)으로 사용할 수 있는 구조로 보이므로 복층식이라고도 할 수 있겠다.

지상식으로는 7점이 확인되었다. 그중 김해 봉황동 유적(표 1-12), 傳 현풍(표 1-13), 리움 소장품(표 1-14·15) 등 초가집 형태의 4점은 중층식(복층식)인 것으로 보인다. 벽면은 지표면에 닿아 있고, 문은 상단에 배치되었으며, 모두 사다리와 같은 오름 시설이 마련되어 있다. 중국 고문헌에 나오는 출입구를 위쪽에 냈다는 기록에서 보듯이 바닥보다 높게 문이 나 있다. 출입구의 위치상 고상식일 가능성도 있으나, 외관의 벽체가 지표면까지 만들어진 것은 바닥면을 사용하기 위함이 아닐까 생각된다. 이 4점은 5세기대의 것이고, 지붕의 형태가 박공을 가진 맞배와 모임지붕의 복합적인 형태를 띤다.

이들 중 기장 가동 고분에서 출토된 토기(표 1-19)는 다른 것들과 지붕의 형태나 시기에서 차이가 있으며 특수한 건물로 보고 있다. 그 외 함안 소포리 유적 출토품(표 1-21)과 리움 소장품(표 1-20) 중 기와집이 단층식에 해당되는데, 이들은 6세기대 또는 이후의 것으로 지붕은 팔작지붕에 기와를 얹은 모양으로 표현하였고, 건물 벽면에도 음각 선으로 문, 창문 등을 표현하였다. 리움 소장품은 지붕 중앙에 굴뚝과 같이 낮은 주구가 마련되었고, 소포리 유적 출토품은 넓은 쪽 벽면의 중앙에 원형의 작은 구멍이 뚫려 있어 다른 것들과 차이를 보인다.

나. 용도·기능적 특징

집모양 토기는 형태적 특징상 주기로 볼 수 있는데, 용기로서의 기능보다는 의미를 부여하여 사용한 측면이 강해 보인다. 대부분 고분에서 출토된 점으로 보아 여타 상형토기와 함께 용도·기능적으로 의기류로 분류된다. 주구를 2개씩 만들다가 점차 1개 또는 다른 형태의 구멍을 마련하게 된다. 이는 제의과정에서 주기의 기능을 하다가 기능적인 것보다는 점차 상징성을 더 부각시킨 것으로 생각된다.

대외교류가 주력 사업이었던 가야에서는 저장의 기능이 중요했을 것이다. 물론 기록에서와 같이 삼국시대나 그 이전부터 창고의 역할이 중요했고 어떤 형태로든 이를 운영했던 것으로 보인다. 가야의 주요 유적에서도 해안가나 교통 요충지 등에 대규모 창고시설이 확인되고 있다. 고상식의 집모양 토기가 의기로 고분에 부장되면서 저장의 중요성을 상징적으로 나타낸 것이라 보인다. 창고형을 띠지만 실제 저장용기로 사용하기는 주구 등 구멍의 배치나 토기의 크기 등으로 보아 저장 기능을 하기에는 적합해 보이진 않는다. 6세기대까지는 주로 명기로 사용되다가 이후에는 장골용기로 만들어져 크기도 커지고, 주구는 만들지 않게 된다.

고분이 아닌 생활유적에서 출토된 김해 봉황동 유적과 함안 소포리 유적의 출토품은 10cm 미만으로 크기가 작다. 취락 내부에서 출토되었다는 점에서 공동체의 번영 및 결속 등을 기원하기 위한 목적으로(김주호 2014) 토기의 용기로서의 역할보다 토우의 기능을 했던 의례용품으로 분류하는 것이 타당해 보인다(민경선·김다빈 2018).

다. 제작·표현적 특징

이들 집모양 토기는 대부분 경질 소성으로 제작되었다. 색조는 회

청색을 많이 띠나 회흑색, 회갈색, 회백색 등을 띠며, 일부 토기는 자연유가 많이 덮여 있다. 모두 점토대, 점토띠를 붙여 성형하였고, 세부 구조 역시 점토띠를 붙이거나 문양을 넣어 표현하였다. 주구의 경우는 과장된 형태로 지붕 위나 벽면 옆에 부착하였으며, 일부 작은 구멍들은 원형의 도구를 사용하여 밖에서 안쪽으로 뚫었다.

집모양 토기의 대부분은 건물 본체나 지붕에 여러 문양을 새겼다. 소문의 경우도 6점이 있다. 침선과 사격자문이 가장 많으며, 집선문, 송엽문, 점열문 등이 표현되어 있다. 이 문양들은 고분 부장품의 다른 토기들에서도 일반적으로 보이는 문양이라 할 수 있으나 삼각집선문 등 중요 유물에만 표현되는 문양도 많이 확인된다. 단순히 장식 효과로 시문한 것만이 아니라 문양으로써 일부 창, 문, 틀 등의 구조를 표현하기도 하였고, 초가나 나무의 재질을 표현하는데 사용되기도 한 것으로 보인다.

그러나 이러한 제작기법이나 표현상의 특징에서는 시간적인 흐름이나 지역적 특색을 찾지는 못하였다. 이는 출토지 미상인 유물이 많은 점에서 정확한 시기를 판단하기도 어려움이 있기 때문이다. 다만 5세기대부터는 음각 선문을 시문하면서 건물의 외형적인 표현뿐만 아니라 장식적인 효과도 냈던 것으로 보인다.

IV. 맺음말

삼국시대 집모양 토기 중 영남 지역에서 출토된(또는 출토 추정) 사례를 대략적으로 살펴보았다. 출토지가 불분명한 것들이 많아 정확하게 분석할 수 없는 한계가 있었으나 형태적인 유사성 등을 고려하여 검토하였다. 시기, 출토지, 구조나 형태적 특징을 비롯하여 용도, 제작 표현 등을 통해 각 집모양 토기들의 개별적 특징들과 함께 공통적인 요소들이 많이 보였다.

　우선 출토지에서는 대부분 고분에서 출토되었다는 점이 있다. 그러나 생활유적에서 출토된 봉황동 유적 유물 등 2점도 그 성격, 용도상으로는 의례용품으로 볼 수 있어 모두 제의행위를 위해 사용하였던 것으로 볼 수 있다. 구조와 형태상으로는 지역적 차이는 판별하기 어려우나 시기적인 차이를 보이는 경향이 있다. 크게는 고상식에서 지상식으로 변화한다. 그리고 굴뚝과 같은 형태를 띠던 큰 주구부도 일률적이진 않지만 점차 형태적인 변화가 있어 주기의 기능이 퇴화하는 것을 나타내는 것으로 보인다. 지붕은 초가에서 와가로 바뀌는데, 형태는 맞배지붕이 사용되다가 지상식에서는 복합적인 형태를 가지며, 기와지붕에서는 우진각 또는 팔작지붕으로 변화하게 된다.

　구조적인 부분은 의례용품인 점을 감안하면 제의 성격에 맞거나 필요한 구조를 과장 또는 축약해서 표현하였을 것으로 보이지만, 실제로 당시 가옥이나 주요 건물의 형태를 본따 만들기도 하였을 것이다. 다만 구조물을 상징적으로 형상화하기만 하였는지, 일부만 과장 또는 생략하였는지, 상상이 가미되었는지 이를 표현한 정도에 대해서는 확신하기 어렵다. 현재로서는 발굴조사된 건물지 등 각종 시설물을 분석하는 과정에서 중요한 자료로 참고할 수밖에 없다.

　이러한 집모양 토기들에 표현된 건축물을 대상으로 그 성격에 대해서도 고고학적·건축학적으로 여러 연구가 있다. 고상식 건물은 일반적으로 창고라 보고(김원룡 1969, 신인주 2001, 박재평 2002, 김태중 1998), 그 자체가 상당한 권위와 상징성을 가지는 건축물이라 하고 있다(김홍섭 2003, 김창석 2001, 김주호 2014). 지상식 건물도 어느 정도 권위성을 가지는 가옥으로 보고 있지만(박언곤 1985, 함순섭 2008), 일부는 이를 신전이나 신궁으로 보기도 한다(김순득 1991). 근래에 가야의 생활유적, 취락에 대한 발굴조사도 상당히 이루어져 주거, 건물, 취락에 대한 연구도 활발해졌다가(배덕환 2005, 이성주 2009, 공봉석 2016;2009, 유병록 2009, 이나영 2010, 권귀향 2012) 최근 10여 년간 다시 주춤한 양상이었다.

    취락 유적에 대한 발굴조사도 꾸준히 진행되어 왔고, 최근 김해 봉황동 유적, 함안 말이산 고분군 등에서 집모양 토기의 신자료가 확보됨으로써 가야의 집, 건축에 대한 논의가 다시 활기를 띠고 있다. 이는 가야의 취락 조사와 주거 문화에 대한 심화 연구에 도움을 줄 것이라 생각된다. 집모양 토기 자체만으로도 가치를 가지겠지만 이에 내포된 사회·문화적 요소들은 아직 구명되지 않은 것이 많다. 앞으로 다각적인 학제간 연구를 통해 가야의 건축과 주거 문화 양상을 함께 밝힐 수 있기를 기대해본다.

참고문헌

[논문 등]

공봉석, 2016, 「가야의 주거와 취락」, 『가야고고학개론』, (재)중앙문화재연구원·진인진.

김다빈·민경선, 2019, 「土偶를 통해 본 金官加耶 社會의 一面」, 『嶺南考古學』84, 嶺南考古學會.

김상태, 2015, 「가형토기를 통한 신라주거건축에 관한 연구」, 『동북아문화연구』제45집, 동북아시아문화학회.

김주호, 2014, 「家形土器로 본 古代 地域社會의 一面」, 『機張 佳洞 古墳群 -下』, 부경문물연구원.

민경선·김다빈, 2018, 「금관가야 중심지로서의 봉황동 유적 -최신 조사 성과를 중심으로-」, 『韓國考古學報』第109輯.

배덕환, 2020, 「가야 건물로 본 토목 기술」, 국립가야문화재연구소 개소 30주년 기념 학술심포지엄『가야인의 技術』, 국립가야문화재연구소.

愼仁珠, 2001, 「三國時代 家形土器에 관한 硏究」, 『文物硏究』제5호, 동아시아문물연구소.

이은석, 2016, 「7세기대 신라 가옥구조에 대한 고찰」, 『新羅史學報』37, 新羅史學會.

이해수, 2017, 「창원 석동 복합유적 출토 가형토기에 대하여」, 『昌原 石洞 複合遺蹟Ⅵ-종합고찰·부록 외-』, 동아세아문화재연구원.

咸舜燮, 2008, 「嶺南地方 三韓·三國時代 살림집의 復原硏究」, 『東垣學術論文集』제9집, 國立中央博物館·韓國考古美術硏究所.

홍보식, 2015, 「신라·가야지역 象形土器의 변화와 의미」, 『韓國上古史學報』第90號, 韓

國上古史學會.

[단행본] *발굴조사보고서 생략
국립가야문화재연구소, 2018, 『가야 자료 총서 01 -가야 문헌 사료편』.
문화재청, 2010, 『韓國의 전통가옥 35 -한국의 전통가옥 기록화 보고서』.
정관박물관, 2019, 『영혼의 안식처 집모양 토기』.

「가야 집모양 토기의 제작과 출토 사례」에 대한 토론문

이해수 동아세아문화재연구원

본문에서 언급한 바와 같이 '집모양 토기'는 출토지가 명확한 유물이 9점 밖에 되지 않아 정확한 시기와 변화양상을 검토하기에는 무리가 있습니다. 그러나, 최근 다수의 발굴조사를 통해 출토지와 출토유구 및 공반유물이 확인되는 사례가 급증하고 있어 이번 기회와 같이 새롭게 검토할 수 있는 계기가 지속적으로 마련되리라 기대합니다.

1. 가야 집모양 토기의 구조와 형태는 발표자가 설명한 바와 같이 시간적으로 고상식에서 지상식으로 변화 양상을 보입니다. 그런데 발표자께서는 다양한 지역에서 출토되거나, 출토되었다고 전해지는 집모양 토기의 지역적인 차이는 거의 보이지 않는다고 설명하셨습니다. 하지만, 〈표 1〉에서 확인되는 바와 같이 시간적인 변화와 지역적인 차이에 따라 집모양 토기의 형태와 질적인 부분에 분명한 차이가 있지 않는가 생각합니다. 따라서 집모양 토기의 지역성에 대해서 발표자가 생각하는 바는 무엇인지 궁금합니다.

2. 집모양 토기의 주된 원형인 고상건물은 기둥 구조에 따라 평주식과 통주식으로 구분되며 형태에서도 차이가 일부 관찰됩니다. 발표자는 통주식의 고상건물 구조를 지상식의 복층 또는 중층 구조로 판단하였는데, 그 이유가 뭔지 궁금합니다.

3. 집모양 토기의 제작 목적에 대해서는 '의례용'이라는 것이 통설로 받아들여지고 있습니다. 집모양 토기의 형태를 분류할 때, 각각을 통한 의례의 종류에 있어서 차이가 있을 수도 있지 않았나하는 의문이 발생합니다. 또한, 출토유구의 차이를 고려했을 때도 해당 의례의 목적과 성격이 다르지 않았을까 생각됩니다. 이에 대한 발표자의 생각은 어떠신지 궁금합니다.

3

집모양토기를 통한 가야건축 연구

한욱 국립문화재연구소, 건축문화재연구실, 학예연구관

※ 이 글은 국립김해박물관의 2020년 가야학술제전 "가야의 주거문화" 학술심포지엄에서 발표한 내용을 수정, 보완한 것으로, 『문화재』 Vol. 54 No.1(2021년 3월 발간)에 기고한 것을 옮긴 것입니다.

I. 서론
  1. 연구의 목적
  2. 연구의 대상 및 방법
  3. 선행연구 검토
II. 집모양토기의 건축적 고찰
  1. 건축 구조적 고찰
  2. 건축 의장적 고찰
III. 가야건축의 건축적 검토
  1. 건축의 유형
  2. 집모양토기형 건물의 존재여부
  3. 건물의 용도
IV. 결론

I. 서론

1. 연구의 목적

건축은 삶을 담는 그릇이라는 말이 있다. 그렇다면 아주 오래전에 살았던 사람들은 어떤 그릇에 삶을 담았을까? 현재를 사는 우리에게 이 질문은 답을 찾기 매우 어려운 것임을 부인할 수 없다. 왜냐하면 당시 건축물이 남아있지 않아 그 모습을 추정하는 것에 한계가 있기 때문이다. 때문에 직접적인 자료가 아닌 간접적인 자료를 통해 추정해야하지만 이 역시 자료가 매우 한정적이다. 그 가운데 역사시대 이후의 궁궐, 사찰 등과 같은 권위건축물 혹은 종교 건축물의 경우는 상대적으로 자료가 남아 있으나 일반인의 삶을 담았을 주거건축물은 거의 자료가 남아있지 않다. 자료의 대부분은 역사기록, 건축물을 모티브로 하는 토기 등의 유물 혹은 고분벽화와 같은 회화자료, 그리고 발굴조사를 통해 밝혀진 건물지의 흔적이다. 이 가운데 역사기록은 도상이 함께 그려지지 않은 이상 건축물의 모습을 명확하게 알기 어렵고, 발굴조사의 결과로는 건축물의 평면형태와 기단의 구성만을 알 수 있을 뿐으로 그 상부의 실제 모습은 오로지 추정에 의한 것일 수밖에 없다. 따라서 보다 도움이 되는 자료는 유물과 회화자료이다. 이 글에서 다루고자 하는 가야건축과 관련한 건축적 증거는 그 어떤 지역보다도 미미하다. 이러한 상황의 가야건축 연구에는 가형토기라 불리는 집모양토기가 특히 도움이 된다. 집모양토기는 사용목적이 건축적이지는 않지만 그 모습이 건축물을 모방하였기 때문에 당시 건축의 모습을 보다 사실적으로 보여주는 자료이다. 하지만 건축물을 모방하였다고는 하지만 집모양토기는 본래 건축과는 상관없는 특별한 기능을 갖는 기물이므로 건축물에 대한 정확한 묘사보다는 기능에 맞는 형태로 변형되는 것이 일반적이다. 따라서 그 형태를 살펴 건축적인 부분과 아닌

부분을 구분해 내고 건축적인 부분을 통해 건축물의 모습을 규명해 낼 수 있다. 이 글은 이러한 이해를 바탕으로 현존하는 집모양토기의 건축적 고찰을 통하여 가야의 건축적 특성을 추정해 보고자 한다.

2. 연구의 대상 및 방법

집모양토기 가운데 출토지가 명확하게 가야지역인 것으로 확인된 것이 10개 정도이며, 그 외 출토지가 명확하지는 않지만 가야지역에서 출토된 것으로 추정되는 것이 8개가량이다. 본 논문에서는 이들 18개의 집모양토기를 중심으로 고찰하였다. 이에는 정관박물관에서 발간한 보고서를 참고로 하였다.(정관박물관 2019)[1] 연구대상 집모양토기는 〈표 1〉과 같다.

연구의 방법으로는 먼저 기존 가야건축과 관련한 선행연구들을 검토하였으며 가야건축 관련 역사기록과 함께 특히 최근 발굴조사를 통해 드러난 고고학적 결과를 검토하였다. 연구대상 집모양토기의 건축적 고찰로는 집모양토기의 세부적인 형태에 대해 선행연구들을 통하여 이미 많은 사항이 밝혀진 바 있으므로 세부적인 형태보다는 건축적 구조와 의장의 관점에서 살펴보았다. 먼저 구조적인 관점에서는 가구구조방식을 살펴보았으며, 다음으로 의장적인 관점에서는 지붕의 형태와 정면성을 함께 살펴보았다. 이어서 문헌에 나타나는 가야 주거의 모습을 보다 상세하게 살펴보고 발굴조사 사례를 통하여 집모양토기의 형태를 한 건물의 존재가능성과 용도를 추정하였다. 발굴조사 사례는 가야권역에 대한 논란이 있기는 하지만 일반적으로 가야의 영역으로 인정되는 영남지방의 사례를 중심으로 하였다. 이후 집모양토기에 대하여 새롭게 유형분류를 시도하고 이를 결과로 정리하였다.

....
1 이 보고서에는 국내에 알려진 20개의 집모양토기를 총망라하고 이를 상세히 설명하고 있으며 고구려 및 통일신라 시기의 것도 포함되어 있어 이들은 제외하였다.

[표 1] 연구대상 집모양토기 목록(정관박물관 2019 참고)

	유물명	출토지	크기(높이) mm	유형	비고	
1	창원 석동 복합유적 출토 토기*	경남 창원	178	I	가야지역	
2	함안 말이산 고분군 출토 토기*	경남 함안	194	I	가야지역	
3	삼성미술관 리움 소장 토기 A*	경남 진주	203	I	가야지역	
4	토쿄 국립박물관 소장 토기*	경남	174	I	가야지역	
5	숭실대학교 박물관 소장 토기*	경남 창녕	160	I	가야지역	
6	창원 다호리 유적 출토 토기* (복원)	경남 창원	280	I	가야지역	

	유물명	출토지	크기(높이) mm	유형	비고	
7	국립중앙박물관 소장 토기 A*	대구 달성	125	Ⅱ	가야지역	
8	김해 봉황동 유적 출토 토기*	경남 김해	58	Ⅱ	가야지역	
9	부산 가동 고분군 출토 토기*	부산 가동	193	Ⅱ	가야지역	
10	함안 소포리 유적 출토 토기*	경남 함안	73	Ⅲ	가야지역	
11	아모레퍼시픽미술관 소장 토기	미상	141	Ⅰ	미상	
12	호림박물관 소장 토기	미상	155	Ⅰ	미상	

	유물명	출토지	크기(높이) mm	유형	비고	
13	경북대학교 박물관 소장 토기	미상	115	I	미상	
14	이화여자대학교 박물관 소장 토기	미상	135	I	미상	
15	경주 사라리 유적 출토 토기	경북 경주	203	I	신라	
16	삼성미술관 리움 소장 토기 B	미상	119	II	미상	
17	삼성미술관 리움 소장 토기 C	미상	168	II	미상	
18	삼성미술관 리움 소장 토기 D	미상	350	III	미상	

3. 선행연구 검토

가야건축과 관련하여 신라의 '황룡사', 백제의 '미륵사'처럼 그 존재를 확실하게 알 수 있는 비교적 규모가 있는 건축물 혹은 유적에 대해 알려진 것은 없다. 이에 따라 가야건축 관련 연구는 신라와 백제와는 달리 연구의 방법 및 대상이 매우 한정적이다.

1) 문헌을 통한 연구

중국의 여러 문헌에 우리나라의 건축과 관련된 언급이 있다. 이에 대해서는 오래전부터 많은 연구자들이 인용하며 고대건축 특히 주거건축에 대해 설명하고 있다. 이 가운데에는 한국건축사 연구자(주남철 1976; 김정기 1977)들뿐만 아니라, 고고학 연구자들도 포함된다.

이 논문의 주제인 가야건축과 관련하여 인용되는 문헌과 내용을 정리하면 다음과 같다.[2]

> 晉書 東夷列傳 馬韓: 땅을 파서 움집을 만들어 거처하는데, 그 모양은 마치 무덤같으며 출입문은 위쪽으로 나 있다(...居處作土室 形如冢 其戶向上...)
>
> 後漢書 東夷列傳 韓: 땅을 파서 움집을 만드니 그 모양이 마치 무덤같으며, 출입하는 문은 윗 부분에 있다(...居處作土室 形如塚 開戶在上...)
>
> 三國志 魏書 東夷傳 韓: 거처는 초가에 토실을 만들어 사는데 그 모양은 마치 무덤과 같았으며 그 문은 윗부분에 있다(...居處作草屋土室 形如塚 其戶在上...)

---

[2] 번역은 국사편찬위원회 한국사 데이터베이스의 내용을 따랐다.
http://db.history.go.kr

三國志 魏書 東夷傳 弁辰: 그 나라는 집을 지을 때에 나무를 가로로 쌓아서 만들기 때문에 감옥과 흡사하다.(...其國作屋 橫累木爲之 有似牢獄也...)

이들 번역내용을 종합하면 대부분 수혈식 주거인 움집에서 생활하였던 것으로 생각되며 일부에서는 고상식 건물에서도 생활하였음을 알 수 있다. 실제로 가야의 여러 지역에서 다양한 형태의 수혈식 주거와 고상식 건물의 유구가 발굴되고 있어 이를 뒷받침한다고 할 수 있다.

2) 발굴결과에 의한 연구

발굴결과에 의한 연구는 1990년 후반 대규모 주거유적조사로부터 시작하여 2000년 이후 특히 활발한 연구가 진행되고 있다.(위양근 2016: 3) 대부분의 연구가 수혈주거지와 고상 건물지를 중심으로 입지와 배치를 분석하고 있으며 나아가 기둥배치나 난방방식, 바닥면적 등을 기준으로 하여 유형을 분류하고 있다. 이를 토대로 편년과 변천과정을 고찰하거나(위양근 2016) 구조 및 입면구성으로부터 용도를 추정하기도 한다.(김민수 2019)

3) 유물을 통한 연구

가야건축과 관련된 유물은 집모양토기가 유일한 것으로 보인다.

이를 대상으로 한 연구로는 먼저 집모양토기의 형태를 통하여 일반용기와 주구부용기로 구분하고, 이를 다시 건축적 관점에서 고상식과 지상식으로 나누고 시기별로 분류하여 변천과정을 고찰한 연구(신인주 2001)와 건축적 요소의 분석을 통한 유형분류를 시도하고 기본적인 주거형태로 박공면을 주출입구로 하는 맞배지붕의 고상식 건축을 제시하였으며 또한 집모양토기를 주구형과 건축형으로 분류하고 건축형에 부장품으로서의 성격을 부여한 연구(김상태 2015; 김상태 2019) 등이 있다.

[그림 1] 가야 주거건축 복원모형(함순섭 2008)

4) 그 밖의 연구

가야건축과 관련하여서는 앞에서 살펴본 주제들을 단독으로 연구하기도 하지만 상호 관련지어 진행한 연구들이 있다. 주로 발굴유적과 집모양토기를 비교하며 고찰하고 고상건축은 철제공구의 발전(김태중 1998: 652) 혹은 치목기술의 발전(이준희 1999: 109)에 의한 것으로 판단하였다.

[표 2] 연구대상 집모양토기 건축요소 검토

	유물명	구조			지붕형태				정면1	
		Ⅰ	Ⅱ	Ⅲ	맞배	우진각	맞배+우진각	팔작	박공면	지붕면
1	창원 석동 복합유적 출토 토기	○			○				○	
2	함안 말이산 고분군 출토 토기	○			○				○	
3	삼성미술관 리움 소장 토기 A	○			○				△	
4	토쿄 국립박물관 소장 토기	○			○				○	
5	숭실대학교 박물관 소장 토기	○			○					
6	창원 다호리 유적 출토 토기	○			○					○
7	국립중앙박물관 소장 토기 A		○				○		○	
8	김해 봉황동 유적 출토 토기		○				○			
9	부산 가동 고분군 출토 토기		○		○					○
10	함안 소포리 유적 출토			○	○				△	
11	아모레퍼시픽미술관 소장 토기	○			○					
12	호림박물관 소장 토기	○			○					
13	경북대학교 박물관 소장 토기	○			○					
14	이화여자대학교 박물관 소장 토기	○			○					△
15	경주 사라리 유적 출토 토기	○			○				○	
16	삼성미술관 리움 소장 토기 B		○				○		○	
17	삼성미술관 리움 소장 토기 C		○				○		○	
18	삼성미술관 리움 소장 토기 D			○						△

3 본 논문에서는 정면의 방향을 표현하는 용어로 서술의 편의를 위하여 '박공면'과 '지붕면'을 사용하였다. 박공면은 박공이 만들어지는 쪽에 해당하며 보방향과 평행한 면이다. 지붕면은 일반적으로 지붕의 상면을 일컫는 용어이지만 본 논문에서는 연구대상인 집모양토기가 맞배지붕 혹은 맞배지붕과 연관된 지붕의 형태만을 갖고 있기 때문에 박공면에 상대되는 용어로 사용하였다. 따라서 지붕면은 도리방향에 평행한 면에 해당한다.

이외의 독특한 연구로는 집모양토기를 바탕으로 가야 주거건축에 대한 복원을 시도한 연구가 있다.(함순섭 2008) 그 연구에서는 가야 주거건축으로 정면으로는 맞배지붕, 반대편은 우진각지붕의 형태의 복합적 지붕형태의 목조 가구식 건물로 벽체는 흙벽으로 이루어진 건물로 복원하였다. 또한 출입방식에 있어서 중층의 건물을 사다리를 이용하여 상층으로 진입한 후 하층으로 출입하는 방식을 제시하였다. 이는 문헌에서 나타나는 '초옥토실(草屋土室)'과 '기호재상(其戶在上)'을 반영한 결과로 볼 수 있다.

이상과 같은 선행연구의 고찰결과 가야건축과 관련한 내용은 주로 간접적인 자료에 의하거나 주거건축에 한정되는 것을 알 수 있다. 가야 관련 연구가 대부분 정치 및 사회에 관련된 연구에 치우친 경향이 있기도 하겠지만 상대적으로 건축적 자료가 적은 이유가 클 것이다.

II. 집모양토기의 건축적 고찰

1. 건축 구조적 고찰

선행연구를 통하여 지금까지 발견된 가야지역 집모양토기의 형태에 따른 유형은 크게 2가지 유형으로 나눌 수 있다. 하나는 고상창고를 모방한 것으로 생각되는 유형과 또 다른 하나는 그 용도를 알 수는 없으나 대체로 주거를 모방한 것으로 생각되는 유형이다. 하지만 이것은 단지 그 형태만을 대상으로 구분한 것으로 건축 구조적 관점에서 보면 다음의 3가지로 그 유형을 구분할 수 있다.

1) Ⅰ유형

연구대상 집모양토기 18개 중 11개가 이 유형이다. 이 유형에 속하는 집모양토기들은 대체로 그 형태가 유사하다.

일반적으로 4개~9개의 기둥을 세우고 그 위에 건물을 얹고 있다. 이 가운데 '경주 사라리 유적 출토 토기'의 경우에는 기둥이 1개인 것으로 판단하기도 하지만(신인주 2001: 105), 이는 건축적 관점에서 기둥을 표현한 것이 아니라 굽다리로 보는 것이 옳다. 한편, 기둥 하부에는 별다른 시설이 보이지 않으므로 초석은 사용하지 않았을 것으로 생각되며, 따라서 이는 굴립주를 표현한 것으로 보인다.[4] 기둥의 상부에는 '창원 석동 복합유적 출토 토기'와 '함안 말이산 고분군 토기'에서 보이듯이 도리방향으로 원형의 횡부재를 걸고 그 위에 건물의 바닥면을 설치하고 있는 것을 알 수 있다.(그림 2) 이는 결국 시각적으로 박공면 쪽으로 기둥하부 공간이 지붕면 쪽보다 높아보이게 되는데 이러한 경향은 기둥 위 도리방향의 횡부재가 직접 표현되지 않은 다른 토기에서도 나타나고 있다. 한편 건물의 생활면의 설치방법은 구체적으로 확인하기는 어려우나 '창원 석동 복합유적 출토 토기'를 보면 기둥 위 횡재 위에 방형의 가로재를 걸친 후 설치한 것을 확인할 수 있다. 이런 구조는 가야지역의 집모양토기에서 뿐만 아니라 '요시노가리 유적' 등 일본 야요이시대 고상건물에서도 일부 찾아볼 수 있다.(그림 4)

한편, 하부 굴립주 위로 설치되는 건물의 몸체에는 기둥이 직접적으로 드러나지는 않지만, 일부 집모양토기에서 보와 대공, 도리가 표현되어 있고 특히, '창원 다호리 유적 출토 토기'의 복원 전 모습을 보면 내부에 기둥으로 보이는 것이 존재하므로 가구식 구조임을 알 수 있다.(그림 3) 단, 하부 기둥열과 상부 기둥열이 서로 일치하지 않으므로 상부구조와

---

4 실제로 '김해 관동리 삼국시대 진지' 유적 등 가야의 고상식 건물지에서 굴립주의 흔적이 다수 발견되었다.

[그림 2] 창원 석동 복합유적 출토 토기 기둥상부구조 상세 (국립김해박물관 소장)

[그림 3] 창원 다호리유적 출토 토기 내부기둥 상세(국립김해박물관 소장)

[그림 4] 일본 요시노가리 유적 복원 고상건물 기둥 상부구조 상세

[그림 5] 영주 부석사 범종루 누하주 상부구조 상세

하부구조는 구조적으로 분리되어 있음을 보여준다. 즉, 하부구조에 상부구조가 얹혀있는 모양새가 된다. 이러한 구조는 전통건축물의 누정에서도 볼 수 있는 구조(그림 5)이지만 누정의 경우에는 누하주 상부에 횡재가 십자로 결구되는 것과 달리 이 유형의 집모양토기에서는 방향이 다른 횡재가 상하로 얹히는 점이 다르다.

　　상부구조를 더욱 자세히 볼 수 있는 것은 '함안 말이산 고분군 출토 토기'이다. 종도리를 제외하고 구체적으로 건축부재가 드러나지는 않지만, 표면에 그려 넣어진 무늬를 통하여 구조를 짐작할 수 있다. 이 토기에서는 정면과 배면으로 기둥이 그려져 있지 않지만, 측면으로는 가운데에는 기둥으로 추정되는 것이 그려져 있다. 또한, 이 기둥은 하부의 인방 위에 놓여 있으며 기둥 위로 그려진 도리와 보를 받는 것을 확인할 수 있다.[5] 따라서 건물하부는 기둥열에 따라 2×2의 규모이지만 상부는 1×2의 규모를 갖는 건물임을 알 수 있으며 앞에서 살펴본 상부와 하부가 별도의 구조임을 나타낸다.

2) Ⅱ유형

이 유형의 집모양토기는 고찰대상 18개 중 9개가 해당된다. 이 유형의 집모양토기는 전면에서 보았을 때 기둥을 세우고 보와 대공, 도리를 걸고 서까래를 설치한 일반적인 목조 가구구조로 되어 있다. 반면 배면에서는 기둥과 벽만이 보일 뿐 상부의 가구가 표현되어 있지 않아 기둥을 세우고 그사이를 흙 등으로 채운 벽식 구조일 가능성을 보여준다. 또한 앞에서 언급한 바와 같이 생활면은 기둥의 중간쯤에 만들어져 사다리를 이용하여 진입하도록 되어 있다. 이 유형의 일부 집모양토기에는 상층의 바닥면에 개구부가 있어 이를 내부로 출입하는 출입구로 보고 후한서에 기술된 "…居處作土室 形如塚 開戶在上…"의 기사에 대한 실례로 언급되기도 한다.(함순섭 2008: 22) 이를 근거로 하층은 토벽이 둘러진 토실로 보았으며 상층바닥에 비스듬히 열리는 문을 두고 사다리를 통해 출입하는 복원안을 제시하기도 하였다.(함순섭 2008: 23-25)

여기서 주목할 것은 중간에 층을 만드는 방법이다. 이 유형에서 사용된 방법은 앞에서 살

[그림 6] 화성행궁 행각

---

5 Ⅰ유형의 상층에 하층과는 별도의 기둥이 사용된 사례는 '창원 다호리유적 출토 토기'에서 확인할 수 있다.(그림 3)

펴본 I유형에서와는 달리 기둥의 중간에 인방과 같은 가로재를 설치하고 상층의 바닥을 구성하고 있다. 이것은 전통건축물의 문루 혹은 행각 등에서 볼 수 있는 구조로 상층과 하층이 구조적으로 분리되지 않고 하나의 구조체 안에서 구성되는 방법이다.(그림 6)

3) Ⅲ유형

이 유형은 고찰대상 중 2개가 해당된다. 대체로 이 유형은 가야지역이 아닌 고구려와 백제의 집모양토기 및 시기가 비교적 늦은 신라의 집모양토기에서 찾아볼 수 있다. '함안 소포리 유적 출토 토기'는 그 형태가 비록 단순하기는 하지만 앞에서 살펴본 유형들과는 확실히 다른 모습을 보인다. 확실하게 알 수는 없으나 I유형과 같이 생활면이 기둥에 의해 들어 올려 지지 않았고 그렇다고 Ⅱ유형에서와 같이 내부로 층이 구분되지도 않는다. 오히려 외형에서는 우리에게 익숙한 집의 형태를 보이고 있다. 또한 기둥과 문을 선을 그어 표현하였는데 정면에서와는 달리 배면 가운데에도 기둥을 표현한 것으로 보이는 선이 있어 고주가 사용되었을 가능성을 엿볼 수 있다.(그림 7) 이런 경우는 종도리를 고주가 직접 받는 구조로 봉정사 극락전 등에서 볼 수 있다.(그림 8)

[그림 7] 함안 소포리유적 출토 토기 배면(정관박물관 2019) [그림 8] 봉정사 극락전 측면

이상의 유형들을 살펴보면 집모양토기에서 나타나는 건축구조는 그 구성이 비교적 단순하기는 하지만 일반적으로 전통건축에서 나타나는 구조유형을 모두 보여주고 있다. 따라서 가야지역에서도 백제와 신라 등 다른 지역의 건축과 크게 차이가 없는 건축이 이루어지고 있었음을 짐작할 수 있다.

2. 건축 의장적 고찰

1) 지붕의 형태

지붕은 건축의 외형적 특성을 나타내는 가장 중요한 부분이다. 전통건축에서 건물을 설명하는 방법으로 건물의 칸수와 함께 지붕의 형태를 언급한다. 특히 지붕은 입면의 1/2 이상을 차지하면서 지붕의 형태에 따라 건물의 위계가 결정되기도 한다. 따라서 지붕의 형태를 살펴보는 것은 건물의 특성을 알기 위한 가장 기본적인 방법이라고 할 수 있다.

집모양토기에서 일반적으로 보이는 지붕의 형태는 맞배지붕과 우진각 지붕이다. 특히 가야지역의 집모양토기에서는 맞배지붕이 18개의 대상 중 14개로 가장 많다. 한편, 특이하게 한쪽은 맞배지붕, 다른 쪽은 우진각지붕의 형태를 하고 있다고 생각되는 지붕형태의 것이 4개이다. 반면, 고구려나 백제지역의 집모양토기에서 보이는 우진각지붕은 보이지 않는다. 또한 국립박물관 소장의 '전 경주 보문동 출토 집모양토기'와 같은 팔작지붕 역시 보이지 않는다. 따라서 이 토기의 제작연대가 통일신라 시기인 8세기경으로 시기가 늦은 것을 고려하면, 가야지역 건축물의 지붕형태는 맞배지붕이 일반적이라고 이야기 할 수 있다.

맞배지붕과 우진각 지붕이 혼합된 지붕형태는 가야지역의 집모양토기에서만 보이는 특이한 형태인데 그 가운데에서도 Ⅱ유형에서만 보인다. 이 지붕형태를 자세히 보면 우진각지붕으로 판단되는 후면부는 '삼

[그림 9] 일본 고쇼노유적 수혈주거
(https://upload.wikimedia.org/wikipedia/commons/
4/41/%E5%BE%A1%E6%89%80%E9%87%8E%E9%81
%BA%E8%B7%A1%E7%AB%AA%E7%A9%B4%E5%B-
C%8F%E4%BD%8F%E5%B1%85.JPG)

[그림 10] 삼척 대이리 굴피집 지붕 상세

성박물관 리움 소장 C'의 토기를 제외하면 실제로 우진각 지붕이라기보다는 곡선으로 이루어져 있으며 심지어는 후면부의 처마선이 전면부의 처마선보다도 아래로 처지는 것을 확인할 수 있다. 이에 대하여 모임지붕을 갖는 수혈주거에서 정면에 출입구를 달아낸 것에서 발전한 것이라는 의견(함순섭 2008: 24)은 어느 정도 타당한 의견으로 생각되며, 일본 고쇼노유적(御所野遺跡) 수혈주거의 형태가 지상화된 것으로도 생각해 볼 수 있다.(그림 9)

지붕의 재료는 집모양토기에서 나타나는 지붕의 형태를 통해 대체로 III유형을 제외하면 초가였을 것으로 대부분의 연구자가 추측하고 있다. 특히 '함안 말이산 고분군 출토 토기'나 '국립중앙박물관 소장 토기 A'의 지붕에서 보이는 격자형으로 돌출되어 표현된 것은 초가의 고사새끼로 추정하고 있다. 하지만 이것은 초가지붕이 아니더라도 굴피지붕이나 너와지붕의 누름목으로도 볼 수 있으며(그림 10), 일본건축에서 나타나는 우마노리(うまのり)혹은 유키와리(ゆきわり)로도 볼 수 있는 여지가 있다.

한편 III유형으로 분류된 '삼성미술관 리움 소장 토기 D'의 경우는

[그림 11] 창원 석동 복합유적 출토 토기 지붕 상세(국립김해박물관 소장)

[그림 12] 일본 군마현 아카호리챠우스야마(赤堀茶臼山) 고분 출토 하니와
(https://www.tnm.jp/uploads/r_exhibition/exhibition/DEFAULT_4197.jpg)

지붕의 기와골과 내림마루가 명확하게 표현되어있어 기와지붕임을 확실히 알 수 있다. 반면 '함안 소포리 유적 출토 토기'의 경우에는 지붕면이 격자로만 그어져 있어 기와지붕임을 명확히 알기는 어렵다. 단 용마루가 표현되어 있고 그 용마루 끝이 들려지고 있어 마치 치미를 설치한 것처럼 보이는 점에서 기와지붕을 표현한 것이라는 의견(정관박물관 2019: 88)이 있다.

이들 내용을 종합하면 지붕의 재료는 초가가 유력하기는 하지만 초가만으로 한정하기는 어려우며 일부 건물에서는 기와를 사용하였을 가능성이 높다고 정리할 수 있다.

이와 함께 집모양토기의 지붕에서 주목해 볼 것은 박공면이다. 일부 집모양토기에서 지붕면과 박공면의 높이차가 커서 정상적인 지붕의 모습으로 보이지 않는다. 이는 집모양토기의 지붕상면에 별도의 마감이 있었을 가능성을 생각해 볼 수 있으나 일본의 하니와(埴輪)에서와 같이 박공면을 강조하기 위한 장치로 보는 것이 타당할 것으로 생각된다.

2) 정면성

건물에서 출입구의 위치는 매우 중요하다. 특히 우리나라를 포함한 동아시아 건축이 서양 건축과 대비되는 가장 큰 특징은 출입구의 위치이다. 출입구의 위치가 중요한 이유는 건물의 정면이 어디인가와 관련이 있다. 주 출입이 이루어지는 곳이 건물의 정면이라고 생각하기 때문이다.

대체로 서양건축에서는 박공면이, 동아시아 건축에서는 지붕면이 정면이다. 이번 연구대상인 집모양토기에서는 박공면을 정면으로 하는 경우와 지붕면을 정면으로 하는 두 경우가 모두 보인다.

먼저 I유형의 토기를 살펴보면 '창원 석동 복합유적 출토 토기'에서처럼 박공면에 가로로 인방을 설치하여 출입시설을 만들고 이를 통해 출입이 가능하도록 하고 있다. 반면, '창원 다호리 유적 출토 토기'의 경우 출토된 일부분을 통해 복원된 것이기는 하지만, 출입구는 박공면이 아닌 지붕면에 문이 열린 모습으로 만들어져 있는 것을 확인할 수 있다.[6]

II유형에서는 '부산 가동 고분군 출토 토기'를 제외하고 대부분 박공면에 출입을 위한 시설이 있다. 출입시설로는 상층으로 오르는 사다리만을 두고 있으며 박공면의 벽체는 열려있는 것이 특징이다. 일부 상층 안쪽 경사진 바닥면에 출입시설로 보이는 쌍여닫이문을 볼 수 있으나 이것이 실제로 출입문인지는 확실하지 않다. 한편, '부산 가동 고분군 출토 토기'는 출입의 방향이 지붕면일 뿐만 아니라 다른 토기들과 그 형태가 구별되는 매우 특이한 형태를 가지고 있는데 이것은 건물의 실내 모습을 형상화한 것으로 판단하기도 한다.(김상태 2019: 110)

III유형인 두 개의 사례 가운데 '함안 소포리 유적 출토 토기'는 박공면 쪽으로 선을 그어 문을 표현하고 있으며 지붕면 쪽으로는 나무 모양을 그려 넣고 있어 박공면 쪽이 정면임을 알 수 있다. 반면 '삼성미술관

----
6   이 집모양토기의 복원과 관련하여서는 고증에 의해 복원되었겠지만 어떤 근거와 과정을 거쳐 복원되었는지 명확하게 확인할 수 없었다. 현재 박물관에 전시되어 있는 집모양토기의 파편만으로는 지붕면을 정면으로 개구부를 만든 흔적을 확인할 수 없었다.

리움 소장 토기D'에서는 반대로 지붕면 중앙에 출입문이 그려져 있어 지붕면 쪽이 정면임을 알 수 있다.

연구대상 집모양토기 가운데 이처럼 출입구의 위치를 확인할 수 있는 경우는 18개 가운데 14건이며, 이 가운데 박공면에 있는 경우가 10건, 지붕면에 있는 경우가 4건이다. 또한 I유형에서는 출입구를 확인할 수 있는 7건 가운데 5건이, Ⅱ유형에서는 5건 가운데 4건이, Ⅲ유형에서는 2건 중 1건이 박공면으로 출입구를 두고 있다. 따라서 집모양토기가 만들어진 시기의 가야지역에서는 박공면 쪽으로 주 출입구를 두는 것이 다수를 차지하는 것으로 보아 일반적으로 박공면을 정면으로 하고 있었다는 것을 알 수 있다.

이처럼 박공면이 정면으로서의 상징성을 갖는 경우는 서양 건축에서는 일반적이지만 동양 건축에서는 일반적이지 않다.[7] 그럼에도 동양 건축에서는 박공면을 정면으로 한 경우가 없지는 않은데, 특히 우리나라에서는 부석사의 범종루나 조선 왕릉의 정자각과 같이 방향성을 크게 강조하거나 의례공간에서 주로 그 사례를 볼 수 있다. 이때 이러한 정면성을 강조하기 위하여 앞에서 살펴본 바와 같이 팔(八)자형의 박공을 크게 하여 시각적 효과를 극대한 것으로 생각된다. 하지만 이는 서양 건축에서 삼각형의 페디먼트(pediment)를 강조하기 위하여 장식하는 등 정면성을 부각하는 것과는 대비되는 것이다.(그림 13)

가야건축의 경우에도 시간이 흐르면서 정면은 일반적인 동양의 건축물처럼 지붕면으로 그 정면이 옮겨지면서[8] 정면성을 상징하는 박공은 그 기능을 잃고, 지붕면의 크기, 장식된 치미, 지붕마루 등을 통하여 정면성을 부각하는 방향으로 전개되었을 것으로 생각된다.

....
7   박공을 강조한 것으로 보이는 일본의 하니와(埴輪)에서도 정면은 역시 지붕면방향인 것으로 판단된다.
8   신인주(2001)는 그의 연구에서 지붕면을 정면으로 하는 시기가 박공면을 정면으로 하는 시기보다 후대임을 밝혔다.

[그림 13] 로마 판테온 신전
(https://media2.trover.com/T/5acaa5afed5bd1620901d6bc/fixedw.jpg)

[그림 14] 일본 宗像大社 中津宮

[그림 15] 부석사 범종루

[그림 16] 선릉 정자각

III. 가야건축의 건축적 검토

1. 건축의 유형

앞에서 살펴본 가야건축과 관련된 기록에서 건축물을 가리키며 사용한 한자인 '초옥토실(草屋土室)'과 '토실(土室)'과 관련하여서는 여러 의견이 존재한다. 먼저는 '초옥토실' 혹은 '토실'이 수혈주거인가 하는 것이다. 고고학적 견해로는 대체로 수혈주거로 판단하고 있는 것으로 생각되며(장덕원 2012), '혈거(穴居)'와도 같은 맥락으로 판단하는 것으로 보인다.(이훈 외 2001) 그러나 건축학적 견해로는 '초옥토실' 혹은 '토실'은 혈거와는 다른 건축형태로 수혈주거(주남철 1976: 30, 44-45)로 보기도 하지만 완전한 수혈주거가 아닌 지상건축의 모습을 한 반수혈주거(김정기 1977: 86-87)로 보는 견해도 있다.

또 다른 하나는 '초옥'과 '토실'이 서로 다른 형태의 건축물을 가리키는 것인지 혹은 하나의 건축물을 가리키는 것인지에 관한 것이다. 대부분의 연구에서는 이들을 서로 다른 건축물의 형태로 판단하고 있지는 않다. 즉, '초옥'은 지붕의 재료를 나타내며 '토실'에 부가적으로 붙여져 '초옥토실'이 되는 것으로 하나의 건물로 보는 견해이다. 한편, 일부 연구자들이 '초옥'과 '토실'을 서로 다른 건물형태로 보기도 하였으나 이를 명확하게 설명하고 있지는 않다.[9] 하지만 실제로 한자의 용례로 볼 때 '옥'과 '실'은 서로 다른 건축유형을 나타내는 것이라는 해석이 올바른 것으로 생각된다.[10]

앞의 기록들은 비교적 이른 시기에 해당하는 중국의 기록들이다. 가야건축의 유형에 대해 더욱 자세히 볼 수 있는 우리나라의 기록으로는

---

9   김정기(1977)는 '옥'과 '실'이라고 불리는 건물에 서로 차이가 있다고 설명하면서도 초옥토실에서는 초옥과 토실을 별도의 건물형태로 보지 않고 동일한 건물형태로 설명하고 있다.
장덕원(2012)은 문헌상에 나타나는 '혈(穴)', '실(室)', '옥(屋)', '택(宅)', '우(宇)' 등이 각각 서로 다른 건축유형을 나타내는 것으로 설명하면서도 '초옥토실'은 '초옥'과 '토실'이 별개의 건축유형이 아닌 동일한 것으로 인식하고 있으며, 역시 '토실'은 '초옥토실'에서 '토실'이 생략된 것으로 설명하였다.
주남철(1976)은 '초옥토실'을 동일한 건물유형으로 설명하면서도 서로 다른 유형의 건축일 가능성에 대해서도 언급하였다.

10 동북아역사재단(2009)에서는 '옥'과 '실'에 대해 논어의 사례를 들어 '옥'은 수혈주거로, '실'은 고상주거로 보고 있으나 三國志 魏書 東夷傳의 기록들을 살펴볼 때 오히려 '옥'은 고상주거, '실'은 수혈주거로 보는 것이 건축적으로는 보다 타당할 것으로 생각된다.

삼국유사가 있다.

> 三國遺事 卷第二. 紀異第二. 駕洛國記: 그래서 1500보 둘레의 외성과 궁궐, 전당 및 여러 관청의 청사와 무기 창고, 곡식 창고 지을 곳을 두루 정하고 궁궐로 돌아왔다. 궁궐과 옥사는 농한기를 기다려 그 해 10월 안에 짓기 시작하여 갑진년 2월에 이르러 완성했다(...築置 一千五百步周廻羅城 宮禁殿宇 及諸有司屋宇 武庫倉廩之地 事訖還宮..其宮闕屋舍 俟農隙而作之 經始于厥年十月 逮甲辰二月而成...).

여기에서는 건축유형과 관련된 용어로 '궁(宮)', '전우(殿宇)', '옥우(屋宇)', '고창(庫倉)' 등이 보인다. 이들을 살펴보면 '궁'은 왕이 거처하는 곳으로 판단된다. 또한, 각 건물의 기능에 따라 왕이 사용하는 '전우', 관료들이 사용하는 '옥우', 그리고 물품을 보관하는 '고창'으로 유형을 구분할 수 있다.

이들 내용을 종합하여 보면 건축적 형태는 알 수 없으나 규모 및 용도에 따른 다양한 건축유형의 건물이 가야에서도 만들어졌음을 알 수 있다. 즉, 가야에는 주거건축으로 '옥'과 '실'이, 궁궐 및 관아건축으로 '궁', '전우', '옥우'와 부속 건물로 창고인 '고창' 등이 있었음을 알 수 있다.

2. 집모양토기형 건물의 존재여부

집모양토기가 건축적으로 의미를 갖기 위해서는 동일 형태의 건축물이 실제로 존재하였는지를 파악하는 것이 우선적으로 필요하다. 이는 기본적으로 그럴 것이라는 전제가 있는 것이지만 현존하는 건물이 없는 상황에서 이를 확인하는 것은 매우 중요한 일이라고 생각한다. 이와 관련하여 여러 연구자가 이미 연구를 진행한 바가 있다. 대체로 I유형의 집모양토기의 경우에는 발굴조사 등 고고학적 연구를 통해 어느 정도 증명된 것으로 보인다.

Ⅰ유형은 주로 고구려의 부경과 관련지어 고상 창고로 보는 경향이 크지만, 최근에는 개별 유구가 아닌 다수의 고상식 건물지가 발굴된 취락지 가운데 일부 취락지에서 수혈주거 등 별도의 주거지가 발견되지 않는 것으로부터 단순히 창고뿐만 아니라 일부 의식용 건물이거나 주거로도 활용되었을 것으로 이야기되고 있다(위양근 2016: 4).

한편, Ⅲ유형의 집모양토기는 현재에도 존재하는 익숙한 건물의 형태를 갖고 있기 때문에 굳이 설명을 하지 않더라도 일반적으로 그 존재 유무에 대해 의문을 갖지 않게 된다. 하지만 문제가 되는 것은 Ⅱ유형의 집모양토기이다. 이 유형은 비교적 낯선 형태의 건물로 실제로 이 모습의 건축물이 존재하였을 지에 대한 의구심이 생기게 된다. 이에 몇몇 연구자들이 수혈주거의 고고학적 자료를 이용해 그 존재 가능성에 대한 검토를 하였으나 명확하게 그 실체를 밝혀내지는 못하였다.

이에 본 절에서는 지금까지 가야건축과 관련하여 발굴조사된 유적을 중심으로 그 실체를 파악하고자 하였다. 그 기본자료로는 가야지역을 대상으로 하는 발굴조사 보고서를 활용하였다.[11]

〈그림 17〉은 Ⅱ유형의 집모양토기인 '국립중앙박물관 소장 토기 A'를 기반으로 실제 발굴유구로 드러날 경우의 추정도를 그려본 것이다. 추정도를 보면 정면부는 출입구와 박공면을 만들기 위하여 대체로 1×2칸 규모의 방형평면을 가지며, 이어서 배면부로는 방사형 혹은 둥그런 평면을 가지면서 기둥이 여럿 배치되는 형태임을 볼 수 있다. 〈그림 18〉은 그

---

[11] 참고한 보고서는 다음과 같다.
경남발전연구원, 2013, 『김해 가야인생활체험촌 조성부지 내 유적 Ⅱ』.
동아세아문화재연구원, 2010, 『부산 고촌리 생산유적』.
동아세아문화재연구원, 2016, 『고속국도 제600호선 부산외곽순환 건설공사(10공구) 내 유적 시굴·정밀발굴조사 약식 보고서』.
삼강문화재연구원, 2009, 『김해 관동리 삼국시대 진지』.
영남고고학회, 2009, 『영남지방 원삼국·삼국시대 주거와 취락』.

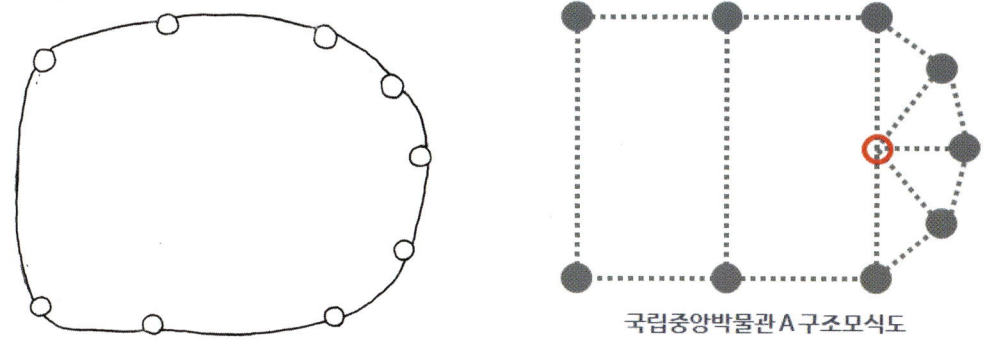

[그림 17] 국립중앙박물관 소장 토기 A 기반 발굴유적 추정도　[그림 18] 국립중앙박물관 소장 토기 A 기반 구조모식도

에 따른 구조 모식도이다. 3열 기둥열의 중앙에 하중이 집중하는 모양새이다. 따라서 이곳에 기둥이 세워지거나 구조적 보강이 필요할 수 있다.

이를 토대로 가야지역의 발굴 유적과 비교 검토하여 보았다. '김해 아랫덕정 유적 10호 주거지'에서는 2×2의 기둥열에서 1면에 대해서만 중앙에 기둥이 없는 것을 볼 수 있다. 이는 추정도에서처럼 정면으로 1칸의 규모를 보여주기는 하지만 후면부로는 규모가 작고 방사형의 평면은 아니다. '양산 평산리 유적 3호 주거지'에서는 장방형의 평면으로 다수의 기둥자리가 보이는데 비교적 기둥열이 정연하기는 하지만 추정도에서처럼 명확하게 그 구조를 확인할 수 있을 만큼 정렬되어 있지는 않다. 이렇듯 유사한 사례를 찾을 수는 있지만 Ⅱ유형의 사례로서 분명하게 제시할 수 있는 건물지는 찾을 수 없었다. 따라서 논리적으로는 실존하였을 가능성이 높지만 그럼에도 불구하고 주거건물로서 실제로 존재 여부에 대해서는 의문이 남는다.

3. 건물의 용도

건물의 형태가 다르다는 것은 지역적, 시기적 차이에 의한 것일 수도 있지만, 건축적 형태가 오랜 시간 동안 변하지 않는다는 것을 염두에

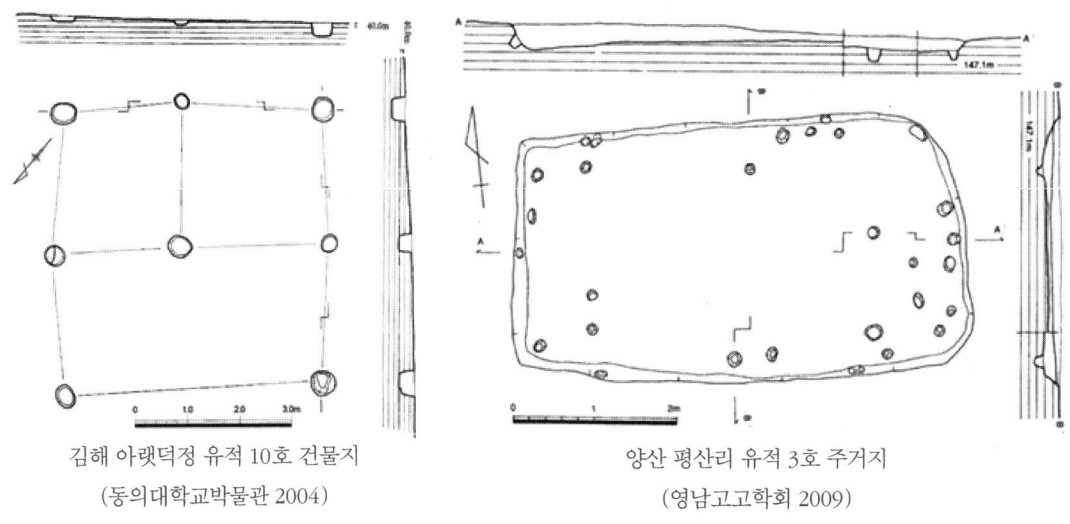

김해 아랫덕정 유적 10호 건물지	양산 평산리 유적 3호 주거지
(동의대학교박물관 2004)	(영남고고학회 2009)

[그림 19] Ⅱ유형 토기 기반 발굴유구 유사 유적

두면 일반적으로 용도 혹은 기능이 서로 다르다는 것을 의미한다. 즉 건물의 용도에 따라 건축물은 형태와 공간구성이 다르다고 할 수 있다.

먼저 Ⅰ유형의 경우는 선행연구자들의 연구결과 고상 창고였을 가능성이 가장 크다. 이에 더하여 일부 건물은 제사 혹은 의식을 위한 공간으로 사용되었을 가능성과 함께 주거용으로도 사용되었을 가능성이 언급되기도 하였다. 한편 개구부에는 잠금장치가 표현되어 있는데 모두 외부에서 잠그고 열 수 있게 되어있다.(그림 20) 이는 사람이 거주하는 주거 용도의 건물이라기보다는 물건을 보관하고 관리하는 창고 용도의 건물로 보는 것이 더욱 타당함을 이야기해주고 있다.(김민수 2019) 이와 같이 창고로서의 고상건물의 사례는 일본 요시노가리 유적과 같은 야요이시대 유적에서도 많이 찾아볼 수 있다.(그림 21) 고상창고로서의 건물은 땅으로부터의 습기를 막고 통풍이 잘되므로 부패하기 쉬운 무엇인가를 보관하기에 적합한 곳이다. 따라서 이것은 곡식이나 귀중품을 보관하기에 적합하였을 것이다. 따라서 망자의 사후세계에서의 안녕과 풍요를 기원하며 곡식창고 형태의 토기를 만들어 함께 묻는 것은 이해가 되는 부분이다.

[그림 20] 함안 말이산 고분군 출토 토기 상세(정관박물관 2019) [그림 21] 일본 요시노가리 유적 복원 고상창고형 건물

반면 Ⅱ유형은 일반적으로 수혈주거와 연관시켜 주거건축으로 이해되고 있다. 하지만 발굴된 건물지 혹은 취락유적에서 이러한 Ⅱ유형의 주거지 흔적을 찾을 수 없었다. 한편, 선행연구에서 살펴본 Ⅱ유형의 집모양토기를 통한 가야 주거건축의 복원연구에서 하층은 온돌의 난방시설과 흙벽을 갖는 주거공간으로 보고 상층은 출입을 위한 공간으로 판단한 배경에는 집모양토기에서 굴뚝으로 보이는 주구들이 발견되기 때문일 것이다.(그림 22) 하지만 이 주구가 굴뚝처럼 보이기는 하지만 같은 형태가 Ⅰ유형의 집모양토기에서도 보인다는 점에서 반드시 굴뚝이라고 단정하기는 어렵다. 왜냐하면 고상식 목조건축의 높여진 생활면에는 굴뚝이 있어야 하는 온돌시설을 만들기 어렵기 때문이다. 또한 Ⅰ유형의 집모양토기가 단순히 건축물의 모습을 모방한 것이 아니라 특별한 용도로 쓰이는 용기로서의 기능을 갖는다고 하면[12] Ⅱ유형의 집모양토기 역시 같은 목적에서 형태적인 측면으로는 굴뚝의 모양을 하고 있지만, 굴뚝이라기보다는 Ⅰ유형에서와 같이 주구일 가능성이 보다 크다.[13] 이는 일본과

---

[12] 가야지역 집모양토기의 용도는 대체로 제례와 관련된 액체를 담는 그릇이거나 곡식을 담는 그릇으로 생각된다.(신인주 2001: 122) 따라서 특별한 용도를 갖는 기물로 단순히 피장자의 내세에서의 풍요로움을 바라며 묻는 부장품은 아닌 것으로 판단된다.

[13] Ⅱ유형의 경우 굴뚝모양의 것이 벽체의 중간에서 비스듬히 설치되어 굴뚝의 표현이라기보다는

[그림 22] 국립중앙박물관 소장 토기 주구상세(정관박물관 2019)

[그림 23] 함안 말이산 고분군 출토 토기 주구상세(정관박물관 2019)

[그림 24] 중국 焦作市 白庄M6墓 출토 건축명기(중국 하남성박물관 소장)

[그림 25] Ⅱ유형 집모양토기의 개구부 상세(정관박물관 2019)

중국의 집모양토기가 무엇을 담는 용기라기보다는 건축적 형태를 충실하게 반영하고 있는 것과는 대조된다.(그림 12, 24)

이와 함께 Ⅱ유형의 집모양토기에서 염두에 두고 살펴볼 것은 상층 바닥의 경사면에 설치된 개구부이다.(그림 25) 이는 다수의 집모양토기의 비슷한 위치에 발견되므로 건축물의 개구부를 표현한 것일 가능성이 높다. 이에 대해 상하층의 공간을 계절에 따른 생활공간으로 구분하여 사용

주구로서의 기능이 클 것으로 생각되나 벽체의 중간에 굴뚝을 설치한 황해도 안악 3호분 벽화의 사례와 다수의 연통유물이 발굴된 사례가 있어 굴뚝을 표현한 것일 가능성도 배제할 수는 없다.

하였으며 이 개구부는 출입문이라는 의견(함순섭 2009: 19)도 있지만 출입문으로 보기에는 몇 가지 불합리함이 있다.

먼저는 위로 열어야만 하는 여닫이문이라는 점이다. 이러한 문은 특별한 용도가 아니고서는 일반적으로 주거공간에서는 사용되기 어려운 것으로 생각된다. 왜냐하면 그 문을 여닫는 데 상당한 노력을 필요로 하기 때문이다. 또한 문이 바닥에서 비스듬히 설치되어 있는 것으로 보아 상층의 공간은 결국 비스듬한 바닥면을 갖게 된다. 그렇다면 과연 상층을 생활공간으로 사용하는 것이 가능한가의 의문이 생기게 된다. 경사진 바닥면에서는 사람이 생활하기 쉽지 않기 때문이다.

다음으로는 동선의 합리성 문제이다. 출입을 함에 있어서 사다리를 타고 상층으로 올라간 후 위에서 다시 출입구를 통해 사다리를 타고 하층으로 내려가며 출입하는 것은 생활 편의의 측면에서 일반적으로 생각할 때 매우 불편할 것으로 생각된다.

이러한 불합리함에서 본다면 Ⅱ유형의 집모양토기 역시 주거건축이라고 보기는 어렵다. 이에 대해 이준희(1999)는 축사형으로 구분한 바 있으며, 이러한 구분은 일견 타당하다고 생각된다. 여기에는 국립중앙박물관 소장의 집모양토기가 힌트가 될 수 있을 것이다. 이 토기에는 사다리 위와 지붕 위 등에 새 모양을 비롯한 몇몇 동물이 표현되어 있다.(그림 26) 이들의 형태가 명확하지는 않지만, 가축을 형상화한 것이라면 이 집모양토기는 축사를 표현한 것으로 볼 수 있다. 따라서 Ⅱ유형의 집모양토기를 축사의 형태를 모방한 것이라고 하면, 보관품의 특성상 장기간의 보관을 위해 비교적 튼튼한 구조를 갖는 고상 창고와는 달리 비교적 자유로운 건물의 형태를 구성할 수 있었을 것이다.

앞에서 살펴본 상층바닥의 개구부는 이런 관점에서 하층에 동물을 가두어 두고 배식 등의 행위를 하던 시설로 보는 것이 가능하다. 이때 상층의 용도는 '삼척 신리 너와집'에서와 같이 수납공간으로 활용하였을 가능성이 높다.(그림 27) 이처럼 곡식창고와 함께 축사를 집모양토기의 모티브

[그림 26] 국립중앙박물관 소장 토기 동물 상세(정관박물관 2019)   [그림 27] 삼척 신리 너와집 내 외양간 및 상부 수납공간

로 하는 것은 풍요로움이라는 상징성의 일관된 적용으로 생각할 수 있다.

Ⅲ유형의 경우는 앞에서 살펴보았듯이 Ⅰ, Ⅱ유형과는 다른 형태를 가지고 있다. '삼성미술관 리움 소장 토기 D'의 경우에는 기타 집모양토기와 같이 무엇인가를 담는 용기로서의 기능을 갖는 것으로 보이지만 '함안 소포리유적 출토 토기'의 경우에는 내부에 빈공간이 없어 용기의 기능으로 사용된 것은 아니라는 것을 알 수 있다.(그림 28) 또한 기타 집모양토기와 비교하였을 때 크기가 작기 때문에 사용 목적에서 차이를 갖는다는 것을 짐작할 수 있으며 그 세부표현에서도 한계가 있었을 것이다. 그렇다고 하더라도 두 토기는 오늘날 우리에게 익숙한 주거건축의 모습을 하고 있으며 따라서 이 유형의 집모양토기가 실제 가야인이 살았던 주거건축을 모티브로 한 것으로 추정할 수 있다. 이와 함께 최근 가야지역에서 다수의 적심 건물지들[14]의 발굴조사가 이루어지고 있어 고상식, 수혈식 이

---

14 이와 같은 적심건물 유적으로는 '김해 봉황동유적 42호 건물지'와 '김해 원도심 도시재생사업 부지 내 적심건물지' 등이 있다.

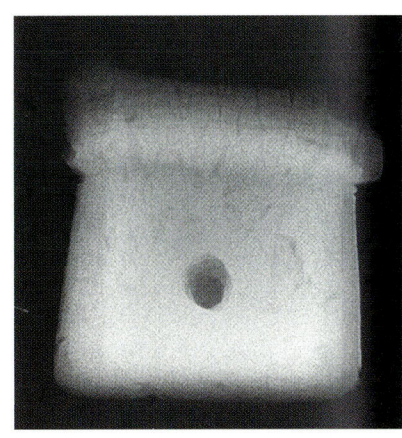

[그림 28] 함안 소포리유적 출토 토기 정면 CR(정관박물관 2019)

[그림 29] 김해 원도심 도시재생사업 부지 내 적심 건물지(한반도문화재연구원 2019)

외에 초석을 사용한 건축적으로 더욱 발전된 형태의 건축물의 존재 가능성이 높아지고 있다.

    지금까지의 내용을 정리하면, 가야에는 고상 창고, 축사와 함께 사람이 거주하는 주택이 서로 다른 형태로 존재하였으며 집모양토기는 이들을 형상화한 것으로 생각할 수 있다. 또한 무덤 주인이 내세에서 평안

할 것을 바라며 풍요를 상징하는 곡식창고와 가축을 기르는 축사와 함께 생활공간으로서의 주택을 모티브로 한 제례 용기인 집모양토기를 만들어 사용하고 이들을 함께 묻은 것으로 이해할 수 있을 것이다.

IV. 결론

지금까지 가야지역에서 출토된 집모양토기를 중심으로 한 건축적 고찰을 통하여 가야의 건축적 특성을 추정해 보고자 하였다. 여기에는 역사기록과 함께 고고학적 자료를 함께 검토하였다. 그 결과 집모양토기는 제례용기로서의 본래 기능을 가지면서도 건축유형에 따른 건축적 형태를 충실히 모방하여 만들어졌음을 확인할 수 있었다. 이에 따라 다음의 결과를 얻을 수 있었다.

첫째, 집모양토기는 그 형태에 따라 세 가지 유형으로 구분되며 각 유형별로 상부구조가 하부구조와 별개의 구조로 하부구조 위에 얹히거나(I유형), 상하부 구조가 하나로 이어지며 상하 공간을 나누거나(II유형), 고주를 사용하여 종도리를 직접 받는(III유형) 등 각각 구별되는 건축 구조적 특성을 갖는다.

둘째, 한국을 비롯한 동양건축의 특징 중 하나인 지붕면을 정면으로 하는 것과 비교할 때, 집모양토기에 나타나는 맞배지붕의 박공면을 정면으로 하는 건축 의장적 특성은 가야건축이 갖는 매우 큰 특징이라고 할 수 있다.

셋째, 일부 고고학적 증거가 부족하기는 하지만 가야건축에서는 기능에 따른 다양한 유형의 건축물이 존재하였으며, 집모양토기는 이들 가운데 풍요의 상징성을 갖는 고상창고, 축사, 주택의 형태를 모방하여 제작된 것이다.

가야건축에 대한 연구는 백제와 신라에 비해 비교적 최근에 시작되었으며 관련 자료도 부족한 상황이다. 본 논문 역시 시각적 정보를 담고 있는 집모양토기를 중심으로 선행 연구의 검토를 포함하여 가야건축의 특성에 대해 규명해 보고자 하였으나 관련 자료의 부족으로 인한 한계가 존재하였다. 하지만 최근 가야건축에 관한 관심이 높아져 적극적으로 연구가 진행되고 있으므로 향후 그 연구결과들이 축적되면 가야건축의 실체에 더욱 가까워 질 수 있을 것으로 생각한다.

참고문헌

경남발전연구원, 2013, 『김해 가야인 생활 체험촌 조성부지 내 유적 Ⅱ』
김민수, 2019, 『4-5세기 경남지역 고상건물 연구』, 동아대학교 석사학위논문
김상태, 2015, 「가형토기를 통한 신라주거건축에 관한 연구」, 『동북아문화연구』 제45집, pp.129-149.
김상태, 2019, 「집모양 토기를 통한 삼국시대 주거건축복원 기초연구」, 『영혼의 안식처 집모양 토기』, 정관박물관, pp. 98-113.
김정기, 1977, 「문헌으로 본 한국주택사」, 『동양학』, pp.79-105.
김태중, 1998, 「가야의 고상건축에 관한 연구」, 『경남대학교 부설 공업기술연구소』 제15집 제2호, pp.647-654.
동북아역사재단, 2009, 『후한서 외국전 역주 상』
동아세아문화재연구원, 2010, 『부산 고촌리 생산유적』
동아세아문화재연구원, 2016, 『고속국도 제600호선 부산외곽순환 건설공사(10공구) 내 유적 시굴·정밀발굴조사 약식 보고서』
삼강문화재연구원, 2009, 『김해 관동리 삼국시대 진지』
신인주, 2001, 「삼국시대 가형토기에 관한 연구」, 『문물연구』Vol. No.5, pp.93-133.
영남고고학회, 2009, 『영남지방 원삼국·삼국시대 주거와 취락』
위양근, 2016, 『경남지역 가야시대 주거지에 대한 연구』, 경상대학교 석사학위논문
이준희, 1999, 『가야건축에 관한 연구』, 고려대학교 석사학위논문.
이훈, 강종원, 2001, 「공주 장선리 토실유적에 관한 시론」, 『한국상고사학보』 제34호, pp.103-144.
장덕원, 2012, 「삼국지 한조의 초옥토실에 대한 일고찰」, 『중앙고고학연구』 제10호, pp.154-178.

정관박물관, 2019, 『집모양토기』
주남철, 1976, 「고문헌에 나타난 "開戶在上"과 "草屋土室"에 대하여」, 『대한건축학회지』 20권 68호, pp.43-45.
한반도문화재연구원, 2019, 「김해 원도심 도시재생사업 부지 내 유적 발굴조사 결과 약보고서」
함순섭, 2008, 「영남지방 삼한·삼국시대 살림집의 복원연구」, 『동원학술논문집』제9집, pp.8-28.

『三國遺事』
『三國志』
『晉書』
『後漢書』

http://db.history.go.kr (국사편찬위원회 한국사데이터베이스)
https://media2.trover.com/T/5acaa5afed5bd1620901d6bc/fixedw.jpg
https://upload.wikimedia.org/wikipedia/commons/4/41/%E5%BE%A1%E6%89%80%E9%87%8E%E9%81%BA%E8%B7%A1%E7%AB%AA%E7%A9%B4%E5%BC%8F%E4%BD%8F%E5%B1%85.JPG
https://www.tnm.jp/uploads/r_exhibition/exhibition/DEFAULT_4197.jpg

「집모양토기를 통한 가야건축 연구」에 대한 토론문

김상태 한국전통문화대학교

김해박물관의 『가야의 주거문화』학술심포지엄은 가야지역 발굴을 통한 유적지와 유구의 연구 성과를 통하여 고대 주거건축의 연구에 대한 관심이 도출될 수 있는 학술의 장이 될 것으로 판단된다.

가야의 고대 주거건축은 백제와 신라지역의 주거 발굴성과의 시기적 차이로 인하여 근래에 활발히 진행되고 있다. 고대 주거지의 발굴이 본격적으로 시작되기 이전에는 주로 문헌적 고찰과 몇 기의 집모양토기(명기)에 의한 간접적 건축연구가 진행되었다. 그러나 근래의 한반도의 고대 주거지 발굴은 급속히 진행되고 있으며, 특히 가야지역의 고대주거지에 대한 발굴은 매우 급속히 진행되고 있는 것은 반가운 소식이라 할 것이다.

지금까지의 고대기의 한국건축사적 연구는 주로 고구려·백제·신라의 삼국과 통일신라기에 집중되어 다루어졌기에 가야의 고대건축에 대한 연구적 성과가 미진하였음은 의심할 여지가 없다. 그러나 근래의 여러 발굴지에 대한 발굴과 그에 따른 자료의 제공은 고대 가야건축의 규모와 형태, 그리고 구조적 특징을 살펴볼 수 있는 환경이 조성되고 있다. 특히 발굴지에서의 다양한 집모양토기의 발견은 가야건축의 재인식에 새로운 시발점이 될 수 있을 것이라는 기대를 해본다.

본 학술심포지엄의 3번째 발표 주제는 "건축학적으로 본 집모양토기와 가야 건축"이다. 발표자는 국립문화재연구소의 한욱박사(학예연구관)

이다. 발표를 위한 원고 내용을 살펴보면, 연구의 대상은 정관박물관에서 제시된 22기의 집모양토기 중에서 가야지역 18기를 대상으로 선정하여 연구하였다. 추가적으로 검토대상인 집모양토기가 모두 가야영역의 유물인가에 대한 언급이 있다.(가야지역에서 명확히 출토된 것은 10개)

2장에서는 고대건축에 대한 연구를 위한 기초자료로서의 문헌과 발굴조사결과, 그리고 유물에 의한 선행연구에 집중하였는데, 문헌으로서는 중국의 고대 역사서에 언급된 '草屋土室'과 '土室'에 대한 연구자들의 연구결과와 가야건축관련 용어로 '宮', '殿宇', '屋宇', '庫倉'에 대한 내용을 언급하였다. 발굴결과에 대한 연구는 가야지역인 경남지역의 분포된 고대 유적지에 대한 연구로 수혈과 굴립주 건물에 대한 연구를 분석하였다. 발굴지의 선행연구를 통하여 고상건물의 용도는 일반적으로 저장 창고로 추정하고, 일부는 임시주거용으로 활용되었을 것으로 추정하였다는 연구결과를 언급하였다. 유물을 통한 기존연구 고찰은 ·집모양토기에 대한 연구로 지상형과 고상형의 분류를 통한 건축물의 구조형태에 대한 분석, ·집모양토기에 표현된 건축적 요소의 분석을 통한 유형분류, ·굴립주형태 집모양토기의 기능을 창고 가능성이 높다는 연구결과, ·출토된 집모양토기의 개폐문이 밖에서 조절된 점은 창고의 모방이라는 주장과 함께 대부분의 주거형식은 수혈주거임을 간접적으로 설명하고 있다는 연구결과를 기술하였다. 그 밖의 연구로 ·고상건축유적과 집모양토기의 상호비교를 통하여 집모양토기는 발굴된 유적과 일치한다는 연구결과, ·집모양토기가 '영의 집'이라는 개념으로 사후의 안식처이며 집모양토기의 상당수가 고상식의 창고형태를 하고 있는 것으로 사후에도 풍요를 비는 제례용이라는 연구결과와 함께 집모양토기의 형태를 평지형과 고상식과 중층식으로 나누고 이를 다시 주거형, 축사형, 창고형으로 구분하였음을 언급하였으며, 그리고 ·중층식으로 분리되기도 하는 집모양토기를 바탕으로 가야 주거건축에 대한 복원을 시도한 연구의 사례도 제시하였다.

3장에서는 기존 연구자들의 연구가 집모양토기의 건축적 형태에 대해서는 많은 사항을 다루었다는 점을 들고, 연구자는 건축적인 형태보다는 구조와 의장적 관점에서 보다 집중적인 연구를 진행하고자 한 점을 강조하였다. 첫 번째는 건축구조적 고찰: 생활면의 위치에 따라, 고상창고형(A), 초가집형(B), 기와집형(C)으로 분류하였다. 두 번째로는 건축의 장적 고찰로 정면성으로서의 출입문의 위치를 살펴보았다. 연구대상 집모양토기 가운데 출입구 위치가 확인된 것은 18개 가운데 14건이며, 박공면은 10건, 처마면 4건이다. 고상형은 출입구가 확인된 사례는 7건 가운데 5건, 중층형의 경우는 5건 가운데 4건, 기와집형에서는 2건 중 1건이 박공면으로 출입구를 두고 있음을 밝혔다. 따라서 가야지역에서는 박공면으로 주출입구를 두는 것이 일반적이라는 결론을 도출하였다. 또 다른 건축의장 고찰로 지붕을 대상으로 하였다. 가야지방의 지붕은 대부분 맞배지붕(14건)이며, 맞배와 우진각 지붕의 혼합형은 4기로 다른 지역과 차별된 모습을 보여준다고 하였다. 그리고 맞배지붕과 우진각 지붕이 혼합된 지붕형태는 중층형 토기에서 주로 보인다고 하면서, 정면 출입구와 맞배지붕의 관계는 박공면을 활용한 건물정면의 상징성이 나타나고 있다고 주장하였다. 그리고 초가의 재료는 굴피나 너와와 같은 다른 재료의 사용가능성도 언급하였다.

4장은 가야건축과 집모양토기와의 관련성으로, 1절에서는 집모양토기가 실제로 집으로 존재하였을까라는 전제를 바탕으로 연구를 진행하였다. 고상형건축이 초기 연구에서는 남방의 마루문화와 관련지어 고상주거 혹은 상급주택일 것으로 상정되었으나 최근의 경향으로는 고구려의 부경과 관련지어 고상창고로 보는 입장이 보다 커진 것으로 이해하였으며, 기존 연구와 발굴자료를 통하여 실제적인 건축가능성에 무게를 두었다. 또한 기존 초가집형 집모양토기의 복원안에 대하여 검증을 시도하였으며, 이에 대한 구조적 보강필요성에 대한 문제제기를 하였다. 2절에서는 건물의 용도에 대하 연구를 진행하였다. 고상창고형이 창고의 기능을 하였다는 것을 전제하에 초가집형에 대한 기존 복원안에 대한 보다 상세한 문제제기와 이에 대한 결과로 초가집형은 주거보다는 축사의 기능임을 기존연구를 통하여 조심스럽게 주장하고 있다. 연구자는 실제적인 가야주거의 형태는 기와형을 통해서 설명하고자 하였다. 적심건물지가 그 해결열쇠로 보았다. 3절에서는 건축유형의 분류를 통해 기존의 고상창고형-초가집형-기와집형은 건물의 용도에 따라 창고형-축사형-주택형으로 분류된다. 또한 구조적으로 적층형-통층형-단층형으로 분류하였다.

    5장의 결론을 살펴보면, 집모양토기와 가야 건축의 연구는 "가야건축은 창고, 축사, 주택 등 서로 다른 용도와 기능에 맞추어 서로 다른 형태의 건물이 건립되었으며, 또 각각의 형태에 따라 목조 가구식 구조를 기본으로 적층형, 통층형, 단층형 등의 서로 다른 구조가 사용되었다고 판단된다. 건축의장에 있어서 초기에는 건물의 박공면으로 정면을 삼고 대체로 맞배지붕을 기본적인 지붕형태로 하였으나 시기가 지나면서 처마면을 정면으로 하는 형태로 변하였음을 알 수 있었다. 또한 주택에서는 기와를 사용한 건물도 건립되었음을 알 수 있었다."라는 결론을 도출하였다.

    이상의 연구내용과 결과를 살펴보면, 집모양토기의 기능과 용도, 형태를 기준으로 가야지역의 집모양토기는 3가지의 유형분류로 나누어지며, 이 3가지 유형은 구조를 통해 3가지의 유형으로 제시되었다. 즉 "창고-적층형, 축사-통층형, 주택-단층형"으로 구분되어지며, 정면이 박공지붕면에서 처마지붕으로 바뀌어간다는 결과를 도출하였다. 이러한 연구결과는 기존의 연구결과와 차별되는 결론이며, 가야주택, 더 나아가서는 초기 고대건축의 기능과 형태, 구조를 이해하는데 매우 중요한 연구 성과라 할 수 있다. 더욱이 최근 백제지역의 주거지 발굴에서 많이 언급되는 벽주식 건축물과 굴립주식 건축에 대한 이해를 도울 수 있는 연구결과라 할 수 있다. 본 토론자 또한 국내에서 발견된 22기의 집모양토기를 기초로 하여 정관박물관에서 의뢰한 "집모양토기를 통한 삼국시대 주거건축 복원 기초연구"를 선행 연구한 사례가 있다. 이 연구는 집모양토기의 개방성과 폐쇄성을 중심으로 그 기능을 나누어 세부적인 건축요소를 기준으로 유형분류를 제시하였다. 건축형과 주구형으로 나누어 각각의 건축유형을 통하여 삼국시대의 주거건축을 이해하는 기초연구로서의 가치를 추구하고자 하였다. 한욱박사의 상기연구는 본 토론자의 연구결과를 더해 실제적인 사용과 구축을 중심으로 하는 건축유형분석을 제시하여 보다 세심한 연구결과의 건축적 접근을 추구하였고 이에 대한 결론을 도출하였다고 평가한다.

이상의 연구결과를 통해 본 심포지움의 토론자로서 몇가지 질문을 드리고자 합니다. 이는 발표자의 연구 성과에 보다 완성도 있는 내용의 결과를 도출하고자 하는 의미입니다.

1. 우선 집모양토기의 주구의 문제입니다. 집모양토기의 주구는 굴뚝과 구별됩니다. 지붕상부와 지붕 측면에 나타난 주구는 어떠한 기능을 가졌으며, 부장품의 용도로서의 창고로 표현 된다면 주구를 그렇게 상세히 묘사할 필요가 있었을까?에 대한 의문이 듭니다. 이에 대한 발표자의 고견을 듣고자 합니다.

2. 고상형이 아닌 지상형 초가 집모양토기에 계단의 설치는 축사로서의 의미를 살펴볼 때 어떻게 내부가 구성되었는지에 대한 내용입니다. 토기의 모습을 보면 통층형에서 입구인 박공면에 계단이 있어 마루 혹은 다락(?)에 오를 수 있도록 되었는데, 상하로 나누어진 두 공간은 어떻게

사용되었을 것으로 추정하는 지에 대한 연구자의 의견을 듣고 싶습니다.

3. 마지막으로 구들에 대한 내용으로 현재의 온돌과 다르게 고대의 구들의 굴뚝 경우, 벽을 통과하여 외부에 돌출되었을 가능성은 고구려 벽화고분의 안악3호분의 부엌도를 통하여 알 수 있는데, 연구자가 제시한 창고형과 축사형에서 이러한 굴뚝모습이 수용될 가능성이 있는지 이에 대한 설명을 부탁드립니다.

이상의 고대 집모양토기 관련 질문과 답변을 통해 가야지역의 주거 관련 건축에 대한 궁금증이 조금이나마 해소되는 바람을 가져봅니다.

4

가야 외 지역의 주거와 취락

차순철 서라벌문화재연구원

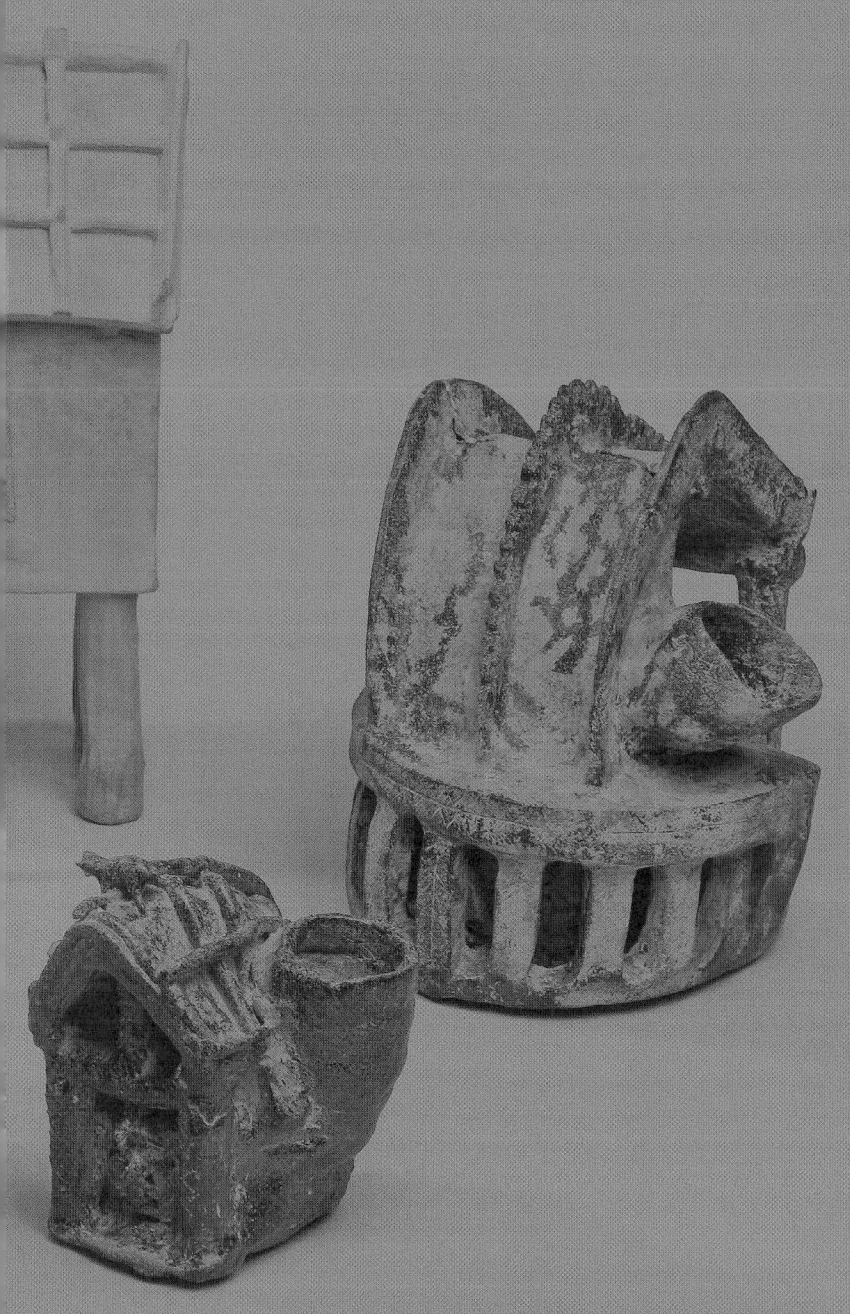

Ⅰ. 머리말
Ⅱ. 지역과 구분
Ⅲ. 삼국시대 취락과 가옥
　1. 고구려
　2. 백제
　3. 신라
Ⅳ. 맺음말

I. 머리말

　　사람들이 가족들과 안전하게 생활하기 위해서는 취사와 난방을 통해 체온과 건강을 유지하면서 충분한 휴식을 할 수 있는 안전한 공간이 필요하다. 이러한 공간은 외부 침입으로부터 안전하게 방어할 수 있고 실내는 생활공간과 취사공간, 작업공간 등이 각각 구분되었을 것으로 추정된다. 선사시대 동굴이나 수혈주거지를 살펴보면 출입문이 높게 만들어져 있거나 사다리를 이용하여 천정을 통해서만 출입이 가능하도록 만든 모습이 확인된다. 이후 가옥을 출입시설의 위치가 낮아지고 외부의 침입을 방어할 수 있도록 출입문의 구조와 내구성이 커지면서 지면 위에 만들어진 문을 통해서 사람들이 드나들 수 있도록 외부 형태가 고정된 모습이 되었다. 튼튼한 문과 이를 둘러싼 담장의 존재는 집이 생활을 위한 거주, 쉼터 기능 외에도 외적이나 동물의 침입으로부터 사람들을 안전하게 방어할 수 있도록 하는 기능을 갖추게 했고, 이러한 방어를 위해 마을이 만들어지자 환호, 목책, 토벽 등과 같은 시설이 추가되면서 집이라는 공간이 마을이라는 보다 큰 공간으로 확대되어가는 모습이 나타나게 되었다. 결국 본 발표에서 다루게 될 삼국시대 마을과 가옥의 특징이라는 주제 역시 가옥의 변화흐름과 당시 사회의 모습이 반영된 내용을 중심으로 해야 될 것이다.

　　사람들이 거주하는 가옥은 여러 시기에 걸쳐서 변화를 했지만 기본적으로 갖추어야 할 공간과 주변 시설을 갖춘 모습이 확인되며, 단독으로 거주하기 보다는 여러 세대가 한 공간 안에 어울려서 여러 채의 가옥이 하나의 마을을 구성하고 있는 모습이 일반적이다. 청동기시대 출현한 초대형 장방형 주거지의 경우에는 한 가옥 안에 여러 세대가 함께 거주한 것으로 추정되며, 점차 주거지의 규모가 작아지는 것을 거주 세대의 변화로 보면서 마을의 출현원인 중 하나로 본다면 한 세대가 거주하는 가옥에 나타난 공간구조와 특징이 시기별로 고유한 특성을 반영한다고 볼 수 있다. 다만 이러한 변화가 나타나더라도 마을 안에서 촌장 또는 지배자의 가옥이 별도로 구분되지 않은 채, 일반 가옥과 함께 확인되는 모습은 왕성 안에 궁궐을 만들고 일반민과 구분을 짓는 모습과 대별된다. 이러한 차이는 당시 사회의 발전과 계층의 분화 그리고 궁궐과 같은 권위건축물과 일반 가옥의 성격을 구분할 수 있는 기준이 된다. 결국 이러한 차이점은 중앙권력이 강화되고 지방에 대한 직접 통제가 이루어지면서 지방에 대한 행정편제 및 관청의 건립과 관리의 파견이 이루어지면서 마을의 규모가 커지고 성곽이 축조되고, 왕경(王京)에 대응되는 소경(小京)이 설치되면서 당시 사회구조가 공고화되는 모습을 보여준다. 그리고 왕경과 주변을 연결하는 도로를 따라서 마을이 형성되고 산업이 발전함에 따라서 광산과 산림 그리고 항구 등을 잇는 가도(街道)가 마련되면서 산지에서 생산된 원료, 제품이 소비지인 왕경으로 옮겨지는 모습이 일상화되면서 창고가 설치되고 생산지마다 이를 관리하는 감독과 공인들이 거주하는 생산집단의 존재도 확인된다. 결국 삼국시대 취락의 존재 원인은 자연촌락이 발전한 경우도 있지만 해당 지역 내부, 혹은 주변지대의 인구증가와 재배치에 의해 출현했을 가능성이 크다.[1]

　　가야는 한반도 남부지역 특히 김해를 중심으로 한 낙동강 하구와 고령을 중심으로 한 내륙지역을 근거로 각각 그 영역을 발전하였다. 시기별로 공간영역의 변화가 있었지만 영남지역을 기반으로 한 모습은 변화가 없었다. 따라서 가야의 가옥은 기본적으로 영남지역의 기후와 풍토에 맞는 지붕구조와 난방시설을 기본적으로 갖춘 모습으로 생각된다.

　　하지만 다른 지역의 경우에는 가야와 달리 기후와 풍토가 다르기에 각각 그 지역에 알맞은 모습으로 가옥이 만들어졌다고 볼 수 있다. 결

---

[1] 이성주, 2012, 「마을(촌락)과 도시에 관한 고고학의 논의」, 『고고학』11권 2호, 중부고고학회, pp.5~31.

국 지역별로 다른 모습의 가옥이 존재하는 것은 당시 사회 안에서 나타난 다양한 선택의 결과라고 볼 수 있다.

그리고 일반 취락 내 공간은 가옥 외에도 종교활동과 관련된 사찰 등의 종교시설, 고상창고나 수혈 등의 잉여생산물을 보관하는 저장시설, 각종 연장과 무기, 용기, 피복, 숯, 기와 등을 만드는 공방시설, 생활용수와 농업용수와 관련된 우물, 집수시설(저수지) 등의 치수시설, 농업생산을 위한 경작지, 도로, 교량 등의 사회기반시설, 주민들이 매장된 분묘인 매장시설, 제단, 사당, 종묘 등의 의례를 위한 제의시설, 환호나 목책, 토성, 산성 등의 방어시설 등이 존재하며 이들 개개 시설의 조합에 따라서 취락의 성격을 살펴볼 수 있다.

본 발표에서 다루어질 공간범위는 가야지역을 제외한 나머지 지역으로 시간적인 범위는 삼국시대, 공간적인 범위는 삼국시대 가야를 제외해도 중국 동북지방인 요녕성 환인 만족 자치현(桓仁滿族自治縣)과 길림성(吉林省)을 포함하며 한반도에서 낙동강 유역을 제외한 지역으로 한반도와 부속 도서 그리고 중국 동북지역을 아우른다. 결국 한반도 남부지방에 위치한 가야와 여타 지역의 마을과 주거가 어떤 차이와 변화를 보여주는가라는 문제에 대한 답을 구하기 위해 다른 지역과의 비교 및 차이점을 살펴보려고 한다. 따라서 본 발표에서는 삼국시대 가야지역에서 조사된 마을과 가옥들과 대비되는 이외 지역을 중심으로 하나의 마을을 구성하는 가옥들과 생업경제 그리고 출토유물을 통한 추정을 통해서 당시 사회문화의 일단을 밝혀보고자 한다.

II. 지역과 구분

한반도의 기후는 대륙의 영향을 크게 받는 대륙성 기후이다. 대륙

[그림 1] 한국의 소기후 구분도(공군 제73기상전대, 1994, 『기상총감』)

성기후의 특징은 여름에 몹시 덥고 겨울에 추운 데 있다. 여름(8월)의 평균기온이 25℃ 내외이고 일최고기온이 30℃ 이상으로 열대 못지않게 더운 날이 계속된다. 그리고 겨울(1월)의 평균기온은 -20℃~0℃로 한대와 같이 몹시 추운 날이 계속된다. 이러한 온도변화는 한반도와 같은 위도대에 위치한 다른 나라와 비교하면 여름이 덥고 겨울이 추운 것을 알 수 있다.

한반도의 지역별 기후구를 살펴보면 쾨펜(Köppen) 기후구[2]는 온난

---

2   Köppen은 1918년 식생분포에 주목하여 기후구분을 하였다. 이후 루돌프 가이거가 1954년과

습윤 기후구(Cf)와 한랭동계 소우기후구(Dw) 2지역으로 구분되며, 이를 다시 세분하면 13개로 나눌 수 있다.³ 이러한 지역별 기후와 풍토에 맞는 가옥의 존재는 내부 공간과 .출입문과 창문의 방향, 난방시설과 지붕, 벽체의 구조 등에서 차이를 보인다. 극단적으로 심한 기후조건 아래에서는 이를 극복하기 위한 건축구조가 만들어지는데, 울릉도나 강원도 지역의 폭설을 이기기 위한 벽체 및 지붕구조는 이러한 사례 중 하나라고 할 수 있다.

한편 공간으로 볼 때, 삼국시대의 한반도는 중국 동북지방과 북반부를 차지한 고구려와 한강 이남지역을 동, 서로 나눈 신라와 백제 그리고 경상남도 김해를 중심으로 한 금관가야와 이후 경상북도 고령을 중심으로 한 대가야로 구분되며, 한강 이동지방에 해당하는 동해안 영동, 영서지역의 예(濊)로 지역을 나눌 수 있다.

삼국시대에 고대국가로 존재한 고구려, 백제, 신라와 국가를 형성하지 못했지만 강원도 영동, 영서지역을 중심으로 문화권을 구분할 수 있지만 영역 내 환경조건에 따라서 각 국가마다 지역별로 주거형태의 차이가 확인된다. 따라서 크게 나눈다면 가야를 제외한 4개의 지역권이 존재하지만 실제로 지역별로 자연환경에 따라서 좀 더 세분이 가능한데, 전라도지역의 경우에는 백제와 마한으로 구분할 수 있다.

고구려는 다른 삼국과 달리 비교적 일찍 국가를 건국하고 중국과의 교류를 통해서 기와와 벽돌 등을 이용한 건축물을 만들었기에 다른 국가나 문화권과는 차이를 보여준다. 하지만 현재까지 발굴조사된 자료가 한정적이어서 고분 벽화 등에 그려진 그림 등을 통해서 여러 건물과 창고

1961년에 쾨펜의 기후 구분을 수정하였다. 오늘날 일반적으로 쓰이는 쾨펜의 기후 구분은 가이거가 수정한 것이다. 쾨펜-가이거 기후 구분이라고도 한다. 온도대, 강수량, 세부기온 등 모두 3가지 기준을 가지고 구분한다. 이 구분안에서 온대와 냉대 기후의 경계를 구분하는 기준을 최한월(最寒月)의 평균기온이 -3℃의 등온선으로 긋고 있다.
윤일희 편역, 2004, 『현대기후학』, 시그마프레스, p.261.
크리스티안 디트리히 쉰비제 저, 김종규 역, 2006, 『기후학』, 시그마프레스, 2006, pp.312~314.

3 金蓮玉, 1980, 「한국의 기후구」, 『韓國地誌』, 건설부·국립지리원, pp.233~238.

등의 존재와 당시 생활모습을 확인할 수 있다. 하지만 백제나 신라의 경우에는 비교적 일찍부터 기와를 사용한 백제와 달리 늦게 사용한 신라의 경우에는 근본은 같지만 다른 모습의 건축물이 존재했으며, 강원도지역의 경우에는 낙랑, 한성백제 그리고 신라문화의 영향이 지속적으로 전해지면서 여러 문화가 혼재된 모습이 확인된다. 따라서 본 발표에서는 발굴조사된 유적과 문헌기록에 나타난 내용을 중심으로 가야지역을 제외한 나머지 지역인 고구려, 백제, 신라 그리고 강원도 지역의 마을유적을 중심으로 살펴보고 그 차이를 논하고자 한다.

고구려는 당시 마을이나 가옥과 관련된 발굴자료가 한정적이며, 도성이 국내성과 일부 산성 안에서 조사된 주거지 등을 통해서 당시 생활모습을 살펴볼 수 있다.

백제는 한성백제시기에 속한 한강유역 일대에서 많이 조사된 여(呂)자, 철(凸)자형 주거지 중부지역과 경상북도 문경지역까지 확인되지만, 이러한 분포모습이 당시 한성백제의 영역을 보여준다고 볼 수는 없다. 경기도를 중심으로 분포하는 이들 주거지는 충청도, 전라도지역에서 확인된 주거지와는 시기차이 뿐만 아니라 형태에서 차이를 보여주는 점으로 볼 때, 당시 지역별로 마을 모습은 한성지역과 공주, 부여지역에서는 다르게 변화하며, 한성백제기 주거유적들은 강원도 영동, 영서지방에서 조사된 마을들과 형태적으로 유사한 모습을 보여주는데, 이는 중부지역의 특징이 반영되면서 서로 많은 관련성을 가진다고 생각된다. 웅진백제와 사비백제시기에 들어서면서 왕경 내 방리가 구획되고 왕궁과 주변의 가옥이 구분된 모습이 확인되는데, 도로와 배수로를 중심으로 지역별로 가옥들이 분포한 모습이 확인된다. 다만 기와가 사용된 왕궁과 그 주변지역과 달리 외곽에 위치한 일반 가옥들의 모습은 차이를 보여주며, 도로변을 따라서 마을이 형성된 모습은 당시 택지와 가옥들의 공간배치를 보여준다.

신라는 가야지역에서 조사된 주거지들과와 유사한 모습이지만 왕경이 만들어지고 기와가 사용되면서부터 가옥의 모습은 크게 변모한다. 월성 주변 일대에서 확인된 수혈주거지는 이후 지상식 건물로 변화하며, 왕경 내 방리가 만들어지고 택지가 조성된 이후에는 기와를 사용한 가옥으로 바뀌며 이전 시기의 수혈주거지의 모습은 사라진다. 하지만 왕경 이외 지역에서는 늦은 시기까지 외줄구들을 채용한 수혈주거지가 확인되는데, 이러한 점은 신라가 왕경 등 중심지역과 주변지역에 거주하는 사람들의 신분, 경제력 등에 따라서 차이가 존재했음을 알려준다.

이상과 같이 간단히 살펴본 가옥들의 변화모습은 결국 마을이 위치한 지역의 기후조건과 시간 및 공간구성의 변화가 함께 반영된 것으로 추정되며, 이는 당시 건축기술의 발전과 생활조건 속에서 각 국의 가옥의 형태와 규모가 달라졌음을 알려준다. 따라서 이러한 차이점을 통해서 각각의 차이와 상호간의 관련성을 살펴볼 수 있다고 생각한다.

III. 삼국시대 취락과 가옥

취락은 문헌에서 등장하는 '촌(村)-마을'로 대변되며 행정구역 상 가장 기초가 되는 단위이다. 발굴조사된 취락유적의 규모를 살펴보면 대체로 5기 내외의 소규모 마을부터 60~70동 이상의 주거지가 확인되기도 한다. 통일신라시대의 문서인 '신라촌락장적(新羅村落帳籍)'에 나타난 취락 규모를 살펴보면 문서에는 당현 사해절촌(沙害漸村, A촌), 살하지촌(薩下知村, B촌), 실명촌(失名村, C촌), 서원경(西原京) 실명촌(失名村, D촌) 등 충청북도 청주시 부근 4개 촌에 대해서 ①村名(이름), ②村域(범위), ③烟(戶-가구), ④口(인구), ⑤牛馬(소, 말), ⑥土地(토지), ⑦樹木(나무) 등의 순으로 기재되어 있다. 비록 통일신라시대 〈촌〉에 대한 내용이지만, 당시 주사(州

司)에서 작성한 공문서라는 점에서 이들 촌은 군현제하의 일반촌[4]이므로, 삼국시대 취락의 규모와 형태에 대해서 추정해 볼 수 있다.

먼저 신라촌락장적에 나타난 개개 취락의 촌역(村域), 즉 촌의 규모를 살펴보면 A촌은 5,725보(步)-10.305km(면적 8.445km^2), B촌은 12,830보-23.094km(면적 24.099km^2), D촌은 4,800보-8.640km(면적 5.945km^2)로 확인되며, 이 면적 안에는 가옥과 경작지 그리고 산과 하천까지 모두 포함한 것이다.[5] 이러한 취락을 구성하는 가옥은 5기 미만의 소규모부터 60~70여기의 대규모까지 확인되며, 가옥의 수를 가지고 구분한다면, 대형(25동 이상), 중형(25동 미만), 소형(15동 미만) 정도로 나눌 수 있다. 그러므로 삼국시대의 취락 역시 이러한 기준으로 구분해볼 수 있다고 생각한다.

1. 고구려

고구려 가옥에 대한 내용이 기록된 문헌자료는 『후한서(後漢書)』, 『삼국지(三國志)』, 『양서(梁書)』, 『위서(魏書)』, 『주서(周書)』, 『구당서(舊唐書)』, 『신당서(新唐書)』, 『수서(隋書)』 등에 부분적으로 소개되어 있다.[6]

이러한 중국측 문헌기록 내용을 통해서 확인할 수 있는 점은 고구려는 화려하게 꾸민 궁궐을 짓고 본궁 외에도 여러 곳의 이궁을 두었으며, 궁궐, 관청, 사찰, 사당 등에만 기와를 사용하였다. 일반 민가에 대해서는 주거는 반드시 산골짜기에 있으며 모두 모초(茅草)로 [이엉을 엮어] 지붕을 덮고, 구덩이를 길게 파서 밑에다 숯불을 지펴 방을 덥힌다는 내

---

4 이희관, 1994, 「신라촌락장적에 보이는 촌의 성격」, 『이기백선생고희기념 한국사학논총』, 일조각, pp.382~406.

5 국사편찬위원회, 1998, 『신편 한국사9-통일신라』.

6 중국 사서에 기록된 내용은 국사편찬위원회 한국사데이터 베이스 『중국정사조선전』에 게재된 내용을 전재하였다.(http://db.history.go.kr/item/level.do?itemId=jo)

[그림 2] 평양성 내 석표(朝鮮總督府 1915)

용을 통해서 온돌의 존재를 확인할 수 있다. 그리고 우물과 같은 정주식 식수원을 사용하였지만 대부분은 골짜기에 흐르는 물[澗水]을 마셨다는 내용으로 볼 때, 일반적으로 우물을 이용하기 보다는 계곡물을 취수하여 식수로 사용한 모습을 알 수 있다. 한편 주거생활과 관련하여 양잠의 존재를 알려주는 잠실(蠶室)과 집에 달린 작은 창고인 부경(桴京) 그리고 장례와 관련된 빈(殯)의 존재는 고구려 주거의 특징이다.

궁궐유적은 국내성, 산성자산성(환도성), 평양 안학궁 등에서 그 존재가 확인되지만, 일반 주민들의 거주지역과 구분된 모습이다.

고구려 평양성에서 확인된 석표(石標)는 당시 왕경 내 방리와 도로의 경계를 알리는 표지석으로 추정되고 있다.[7] 일제강점기에 조사된 이 석표의 분포상황을 통해서 고구려 당시 평양성 내 방리규모와 그 범위를

---

7 朝鮮總督府, 1915, 『朝鮮古蹟圖譜』二, p.111 No.408.
   朝鮮總督府, 1929, 『高句麗時代の遺蹟』圖版 上冊 古蹟調査特別報告 第五冊, pp.8~9 No.18~22.

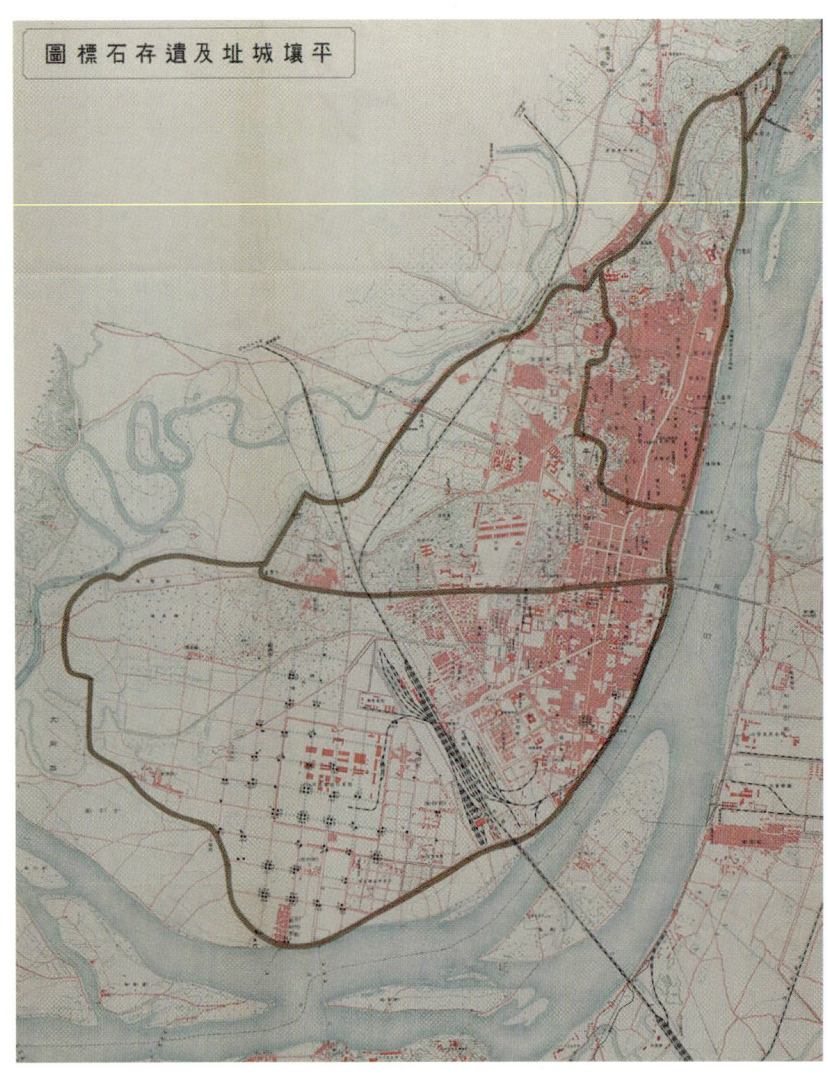

[그림 3] 평양성지 및 유존 석표도(朝鮮總督府 1929)

확인할 수 있다. 석표는 대동강을 따라서 북쪽에 위치한 평양시 남쪽 중앙부에 밀집된 모습을 보여주면 일부 강변 일대에서도 확인된다.[8] 최근 남평양이 위치한 황해남도 신원군 아양리와 월당리지역에서는 성벽과 함께 도로와 리방구획이 확인되었으며, 그 규모는 약 10km^2라고 한다.[9]

....
8   朝鮮總督府, 1929, 『高句麗時代の遺蹟』圖版 上冊 古蹟調査特別報告 第五冊, 地圖 第五.
9   최승택, 2009, 「장수산일대의 남평양도시유적에서 새로 고구려시기의 유적유물 발굴」, 『조선고

고구려 취락이 대규모로 발견된 사례는 드물지만 중국 통화시에 위치한 만발발자 유적은 초기 고구려 마을로 당시 주거지의 모습을 보여준다.[10]

1) 만발발자 유적

유적은 중국 길림성 통화시 금창진 동창구에 위치한다. 1997~1999년까지 발굴조사한 결과 기원후 3~5세기(제5기-고구려 전, 중기)에 해당한 유구는 제Ⅰ구역~제Ⅳ구역, 제Ⅵ구역에 분포한다. 주거지는 제Ⅰ구역에서 1기(97ⅠTWF2)와 제Ⅳ구역에서 2기(98ⅣTWF19, 98ⅣTWF20)가 조사되었다. 이외에도 수혈 16기, 구 2기, 환호 1기, 무덤 1기가 조사되었으며 전형적인 구들이 설치된 주거지와 방단적석묘로 볼 때, 유적의 시기는 기원후 1~4세기로 추정된다.

제Ⅰ구역에서 조사된 97ⅠTWF2호 주거지는 평면형태가 말각장방형으로 벽면은 할석과 잡석을 섞어 쌓은 모습이며 북벽에 맞대어 장방형의 화덕이 설치되었는데 2개의 큰 자갈돌을 세워서 지각으로 사용한 모습이다. 화덕을 중심으로 동쪽과 서쪽 벽면을 따라서 단면 U자형의 외줄구들이 만들었는데, 구들 위에는 할석과 판석을 덮은 모습이다.

제Ⅳ구역에서 조사된 98ⅣTWF19호 주거지는 평면형태가 말각장방형으로 서쪽과 북쪽에 잡석으로 만든 두 줄의 ㄱ자형 구들이 만들어져 있다. 화덕은 주거지 북동쪽에 위치하며 형태는 아궁이가 위치한 남쪽을 제외한 3면에 장방형으로 돌을 쌓아서 만들었다. 98ⅣTWF20호 주거지는 평면형태가 말각장방형으로 주거지 서쪽 벽면을 따라서 ㄱ자형 구들

『고연구』제4호, 사회과학출판사, pp.44~45.

10 吉林省文物考古研究所 · 通化市文物管理辦公室, 2019, 『通化万發撥子遺址考古發掘報告』, 文物出版社
이종수, 2020, 「고구려 문화 기원의 보고 -『通化 万發撥子遺址 考古發掘 報告』-」, 『야외고고학』 제37호, 한국문화유산협회, pp.129~168.

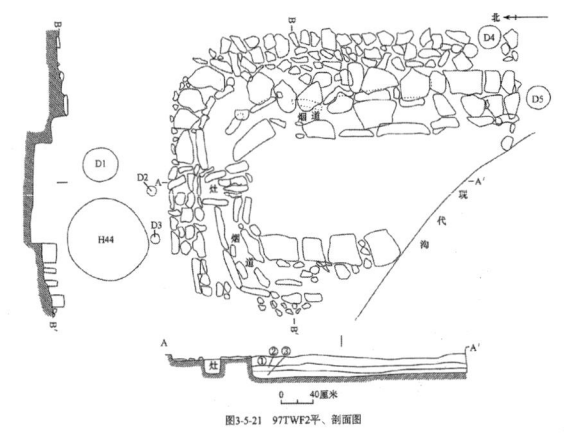
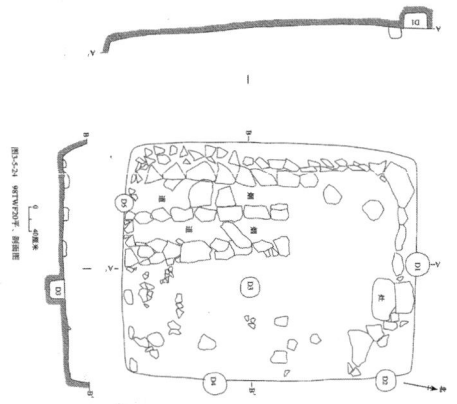

[그림 4] 97ⅠTWF2호 주거지(吉林省文物考古研究所·通化市文物管理辦公室, 2019)

[그림 5] 98ⅣTWF19호 주거지(吉林省文物考古研究所·通化市文物管理辦公室, 2019)

2줄이 확인된다. 화덕은 주거지 북벽의 동쪽에 위치한다.

출토유물 중 어망추, 방추차, 석촉 등의 비중이 높은 모습으로 당시 어로 및 사냥 그리고 직조와 관련된 모습을 알려준다. 철기 중 주조철부, 말편자, 자물쇠 등과 함께 철슬래그와 토제범이 확인된 점은 당시 말을 소유하고 타고 다닌 승마문화와 금속 주조작업이 이루어졌음을 알려준다.

이 시기의 유적은 생활유적은 서쪽에, 무덤은 동쪽에 조성하고 있다. 주거지는 서쪽 구릉 정상부 대지 위에 축조되었으며, 얕은 수혈식으로 할석으로 쌓아 벽체를 세우고 실내에 2~3줄의 "∩"형 혹은 "ㄱ"자 형태의 구들이 설치되어 있다. 이 시기 주거지의 또 다른 특징은 구릉 정상부 주변으로 환호를 조성하여 환호취락을 형성하고 있는 점이다.

2) 오녀산성

유적은 중국 요녕성 본계시 환인만족자치현의 환인 시가지 북동쪽 약 8.5km 떨어진 오녀산(해발 806m)에 위치한다. 요녕성문물고고연구소 등이 1996~1999년 그리고 2003년에 발굴조사를 했는데[11] 고구려 문화

....
11   遼寧省文物考古研究所, 2004, 『五女山城-1996~1999, 2003年桓仁五女山城調査發掘報告』, 文

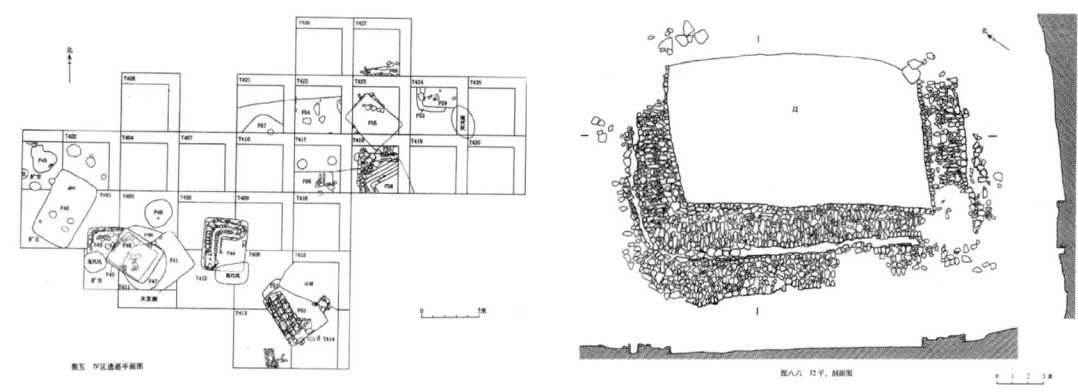

[그림 6] 오녀산성 Ⅳ구 주거지 분포도(遼寧省文物考古硏究所 2004)

[그림 7] 오녀산성 J2 건물지 평, 단면도(遼寧省文物考古硏究所 2004)

층은 제3기층(고구려 초기), 제4기층(고구려 중기)이 확인되며, 성안에 기와를 사용한 건물이 확인되지 않은 점은 특징적이다.[12]

　3기 문화층에 해당되는 유적은 1호 건물지(J1)와 수혈(H5, H10, H11) 그리고 주거지(F35, F36, F47, F57)이다. 1호 건물지는 정면 6칸에 측면은 확인할 수 없지만 주칸간격으로 볼 때 3칸으로 추정되는 건물지로 막돌초석을 사용했다. 규모는 길이 13.8m, 너비 6~7.2m로 건물 내부에 난방시설을 갖추지 않은 점으로 볼 때, 일반 거주용이기보다는 창고의 가능성이 크다. 주거지에는 노지 또는 간단한 부뚜막 시설만 확인되며 쪽구들은 확인되지 않는다.

　4기 문화층에 해당되는 유적은 2호 건물지와 3호 건물지 2동 외에는 대부분 주거지로 내부에 쪽구들을 갖춘 모습이며, 구들의 형태는 ―자형, ㄱ자형, ㄷ자형 등이며 고래는 2~3개이다. 2호 건물지(J2)는 길이 24.5m, 너비 16m이며, 3호 건물지에서는 3열의 초석이 확인된다. 대형 건물지에 기와를 사용하지 않은 점은 건물의 성격이 권위건물이 아님을

　　物出版社.
12　양시은, 2020, 「오녀산성의 성격과 활용 연대 연구」, 『한국고고학보』제115집, 한국고고학회, p.134.

알려준다.

주거지는 병사들이 머물던 병영으로 추정되며 많은 철기가 들어있는 교장유구의 존재를 통해 산성 안에서 철기 생산 및 관리작업이 이루어졌음을 알 수 있다.[13]

3) 민주유적

중국 길림성 집안시 경제개발구 태왕진 민주촌 삼대에 위치한다. 일제강점기에 조사된 석주를 정비하면서 2003년 8월부터 11월까지 3동의 건물지와 부속시설을 조사했다.[14]

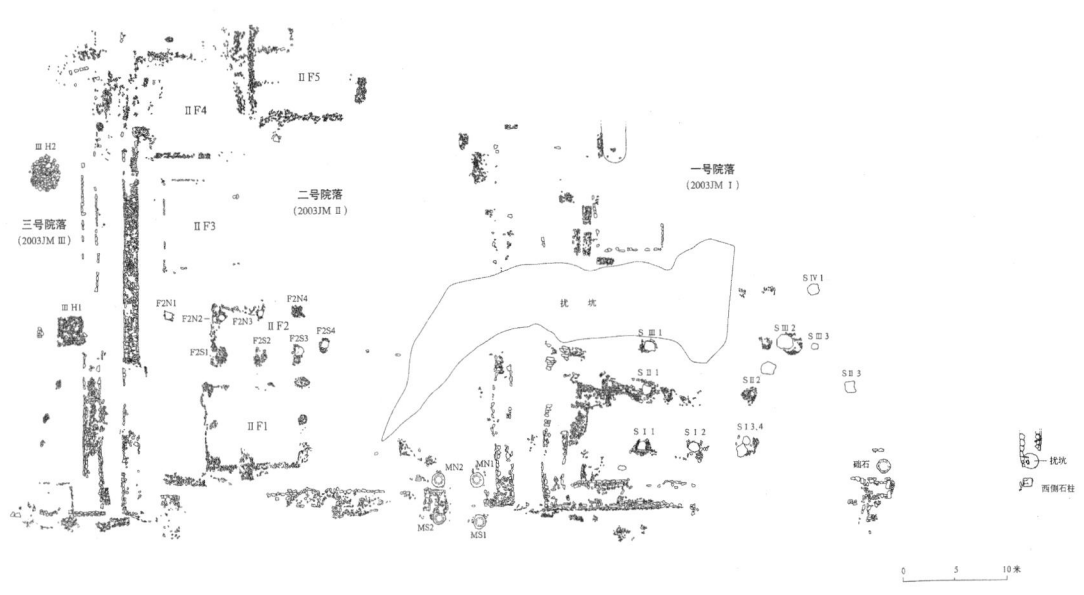

[그림 8] 민주유적지 평면도(서정호 2004)

....

13 차순철, 2004, 「오녀산성 출토 고구려 단야구에 대한 검토」, 『동북아역사논총』2, 동북아역사재단, p.118.

14 서정호, 2004, 「집안 민주유적 건물지의 성격에 관한 연구」, 『2004년 추계 학술대회』, 고구려연구회.
서정호, 2005, 「집안 민주유적 건물지의 성격에 관한 연구」, 『고구려연구』제19집, 고구려연구회, 학연문화사.
吉林省文物考古硏究所, 集安市博物館, 『國內城』-2002~2003 集安國內城民主遺址試掘報告, 文物出版社, 2004,6.

[그림 9] 민주유적 2호 원낙(院落) 문지(서정호 2004)   [그림 10] 민주유적지 동측 석주와 북측 담장 석렬(서정호 2004)

건물에는 팔각주좌를 갖춘 초석을 사용했으며, 문지와 담장 그리고 개별 건물지가 각각 확인되었는데, 교란이 심한 모습이지만 건물 안에 온돌이 설치된 모습은 확인되지 않았다. 따라서 이 건물은 온돌을 사용하지 않고 입식(立式)생활을 한 것으로 추정된다. 한편 건물의 용도에 대해서는 고구려 왕실과 관청 건물지로 판단하는 학설[15]이 있는데, 건물 안에서 온돌시설이 확인되지 않은 점으로 볼 때, 가능성이 크다고 생각된다.

건물지 동쪽과 서쪽에 위치한 석주를 조사한 결과 담장석렬의 모퉁이에 석주가 세워진 모습이 확인되며, 석주 사이 간격은 40m 정도이다. 이들 석주는 평양성 안에서 확인된 표석과 유사한 모습으로 볼 수 있다. 따라서 이 석주는 방리구획과의 관련성을 찾아볼 수 있다. 유적의 시기는 2호 건물지[院落]에서 출토된 권운문(卷雲紋) 수막새 위에 "(戊戌)年造瓦故記歲"라는 명문이 확인되므로 고구려 고국원왕 8년(338)년으로 볼 수 있으며, 이때를 건축기초의 건설 시작 시기로 볼 수 있다.

4) 함경남도 함주군 신하리 집자리유적

신하리유적은 동해안 연안에 위치한 건물지로 함흥시 성천강 하류

....
15 魏存成, 1991, 「高句麗 初期·中期의 首都」, 『중국학계의 고구려사 인식』, 대륙연구소출판사, p.112.

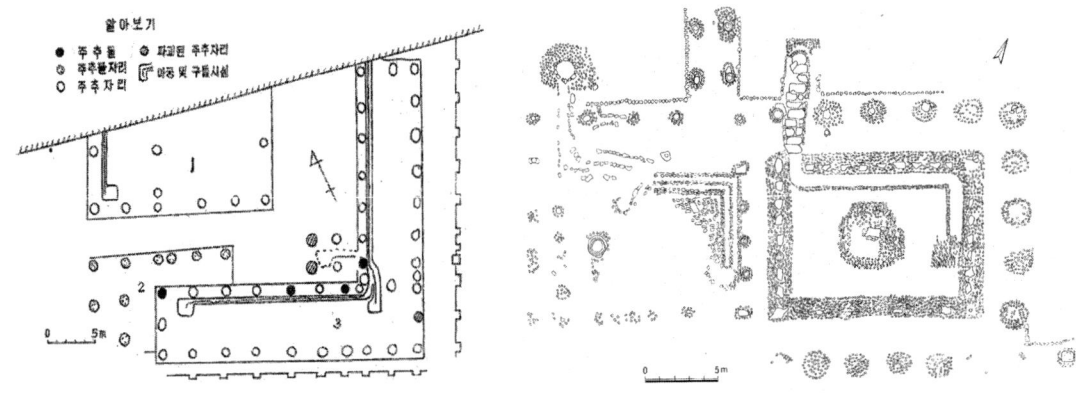

[그림 11] 신하리유적 건물지(조선고고연구 편집위원회 2007) [그림 12] 동대자유적(조선유적유물도감 편찬위원회 1999)

에서 10km 떨어진 지점에 위치한다.[16] 여위천의 흐름에 따라 만들어진 배수로 공사로 인해 남북으로 분리된 모습이며, 남쪽에서 외줄고래 온돌을 놓은 건물지 2동이 확인되었다. 건물 안에는 온돌을 놓았으며, 마루를 두고 지붕에 연화문수막새 등의 기와를 사용하였다. 유적의 시기는 5세기 말~6세기 초로 추정된다.

5) 동대자유적

중국 길림성 집안현 동대자에 위치하며 유적의 규모는 동서 35m, 남북 20m 정도이며, 서쪽에 위치한 1채의 건물이다. 한 지붕 아래 2동의 방이 위치한 모습으로 동쪽 방에는 외줄구들이 있고, 서쪽 방에는 두줄구들을 놓았다.[17] 건물에 사용된 기와 중 연화문, 인동문, 귀면수막새를 사용한 점으로 볼 때, 유적의 시기는 6세기대로 추정된다.

고구려지역에서 조사된 주거 및 취락관련 유적은 그 사례가 적지만, 궁궐, 산성 내 궁궐, 창고, 수혈주거지 그리고 지역별로 확인된 온돌

---

16 조선고고연구 편집위원회, 2007, 「함주군 신하리집자리유적 발굴보고(1)」, 『조선고고연구』제1호, 사회과학출판사.

17 조선유적유물도감 편찬위원회, 1999, 『조선유적유물도감3-고구려편(1)~(3)』.

[그림 13] 홍련봉 2보루(한국고고환경연구소·광진구청, 2019)

을 사용한 기와건물지 등이 알려져 있다. 초기 수혈주거지 중에는 구릉부에 입지하면서 환호를 갖춘 사례도 확인되며, 서울 한강유역[18]과 중원지방(청원 남성곡유적[19] 등)에서 조사된 관방유적 중 보루성 내부 건물지에서 온돌이 확인된 점은 위에서 살펴본 여러 유적들과 동일한 모습이다.

----

18 구의동보고서간행위원회, 1997, 『한강유역의 고구려요새-구의동유적 발굴조사 종합보고서』, 소화출판사.
서울대학교박물관·서울대학교인문학연구소·구리시·구리문화원, 2000, 『아차산 제4보루-발굴조사 종합보고서』.
서울대학교박물관·서울대학교인문학연구소·구리시·구리문화원, 2002, 『아차산 시루봉보루 –발굴조사 종합보고서』.
고려대학교고고환경연구소·구리시, 2007, 『아차산 제3보루-1차 발굴조사보고서-』.
국립문화재연구소, 2009, 『아차산 4보루 발굴조사보고서』.
서울대학교박물관·서울특별시, 2009, 『용마산 제2보루 – 발굴조사보고서』.
한국고고환경연구소·광진구청, 2015, 『사적 제455호 아차산 일대 보루군 홍련봉 1·2보루』.
한국고고환경연구소·광진구청, 2019, 『사적 제455호 아차산 일대 보루군 홍련봉 1·2보루-3차 발굴조사보고서-』.

19 충북대학교박물관, 2004, 『청원 남성곡 고구려유적』.
중원문화재연구원, 2008, 『청원I.C~부용간 도로공사구간내 청원 남성곡 고구려유적(-2006년도 추가 발굴조사-)』.

[그림 14] 용호동 1호분 출토 철제 아궁이(朝鮮總督府 1929)

[그림 15] 안악3호분 부엌(조선유적유물도감 편찬위원회 1991)

고구려 건물지에 대한 연구를 살펴보면 생활면의 위치에 따라 지하식과 지상식으로 나뉘고, 지상식은 다시 자연암반기초 건물지, 줄기초 건물지, 적심석기 초 건물지, 굴립주 건물지, 무기초 건물지로 분류된다. 특히 줄기초 건물지는 고구려 건물지의 과반을 차지하여 고구려 건물지의 특징으로 파악된다고 한다.[20] 지하식 건물지는 대부분 수혈주거지로 내부에 외줄고래의 온돌시설을 갖춘 모습이며 오녀산성의 사례처럼 군대의 병영으로 사용되기도 했다. 난방시설이자 취사시설인 구들 아궁이에는 아궁이 장식틀이 설치되었는데, 평안북도 운산군 동신면에 소재한 고구려의 용호동 1호분 출토 철제 아궁이[21]와 안악 3호분 고분벽화 중 부엌 내 아궁이 모습을 통해서 확인할 수 있다.

....
20 조용환, 2016, 「고구려 줄기초 건물지의 특징과 변천」, 『한국상고사학보』93, 한국상고학학회.
21 朝鮮總督府, 1929, 『高句麗時代の遺蹟』圖版 上冊 古蹟調査特別報告 第五冊, p.89 No.429~430.

2. 백제

한성백제시기의 마을유적은 한강수계를 따라서 폭넓게 확인되고 있다. 당시 왕성인 풍납토성[22]과 몽촌토성[23]을 위시하여 당시 지방행정 거점으로 추정되는 지역에서는 여(呂)자형 주거지와 철(凸)자형 주거지가 확인된다.

한성백제의 도성인 한성은 『삼국사기』에 묘사된 구조가 고구려나 신라와 다른 모습으로 먼저 정궁(正宮)과 별궁(別宮)이 따로 있는 모습이었다. 그리고 고구려 군대를 한성에서 맞아 싸울 정도로 한성은 군사적 기능을 겸하였다. 또한 한성이 남·북 2개의 성으로 구성되었다는 점이다.

---

[22] 풍납토성 내부조사에 대한 보고서는 다음과 같다.
국립문화재연구소, 2001, 『풍납토성Ⅰ-현대연합주택 및 1지구 재건축부지-』.
한신대학교박물관, 2003, 『풍납토성Ⅲ-삼화연립 재건축 사업부지에 대한 조사보고-』.
한신대학교박물관, 2004, 『풍납토성Ⅳ-경당지구 9호 유구에 대한 발굴보고-』.
국립문화재연구소·한신대학교박물관, 2005, 『풍납토성Ⅵ-경당지구 중층 101호 유구에 대한 보고-』.
한신대학교박물관, 2006, 『풍납토성Ⅶ-경당지구 상층 폐기장 유구에 대한 발굴보고-』.
국립문화재연구소, 2008, 『풍납토성Ⅷ-외환은행직원합숙소부지, 소규모주택신축부지, 강동빌라부지. 대진동산연립주택부지-』.
서울역사박물관·한신대학교박물관, 2008, 『풍납토성Ⅸ-경당지구 출토 와전류에 대한 보고-』.
서울역사박물관·한신대학교박물관, 2009, 『풍납토성Ⅹ-경당지구 유물포함층출토 유물에 대한 보고-』.
국립문화재연구소, 2009, 『풍납토성ⅩⅠ-풍납동197번지(구 미래마을) 시굴 및 발굴조사 보고서 1-』.
한성백제박물관·한신대학교박물관, 2011, 『풍납토성ⅩⅡ-경당지구 196호 유구에 대한 보고-』.
국립문화재연구소, 2012, 『풍납토성ⅩⅢ-풍납동197번지(구 미래마을) 발굴조사 보고서2-』.
국립문화재연구소, 2014, 『풍납토성ⅩⅣ-풍납동197번지(구 미래마을) 발굴조사 보고서3-』.
한성백제박물관·한신대학교박물관, 2015, 『풍납토성ⅩⅦ-경당지구 206호 유구에 대한 보고-』.

[23] 몽촌토성발굴조사단, 1984, 『복원·정비를 위한 몽촌토성발굴조사보고서』.
몽촌토성발굴조사단, 19854, 『몽촌토성발굴조사보고』.
서울특별시·서울대학교박물관, 1987, 『몽촌토성 동북지구발굴조사』.
서울대학교박물관, 1988, 『몽촌토성 동남지구발굴조사보고』.
서울대학교박물관, 1989, 『몽촌토성 서남지구발굴조사보고』.

『삼국사기』 개로왕 21년(475)조[24]와 『일본서기』 웅략기(雄略紀) 20년조[25] 기사를 종합하면 북성(北城)은 큰 성(大城), 남성(南城)은 왕성(王城)으로 볼 수 았다.

도성이 2개 이상의 성으로 구성된 사례는 중국 전국시대에 많으며, 조(趙)의 한단성(邯鄲城), 제(齊)의 임치성(臨淄城), 연(燕)의 하도(下都) 등을 들 수 있다. 또한 평지에 위치한 대성 안에는 관청, 공방, 일반 민가가 위치하며 인근 구릉에 위치한 왕성은 별도로 위치한 모습이다.[26] 따라서 한성백제의 한성으로 추정되는 풍납토성과 왕성으로 추정되는 몽촌토성에서는 모두 판축한 토성이 확인되었으며, 성 내부에서 궁궐 관련시설로 추정되는 대형 건물지와 우물 등 각종 주거지와 저장시설 등이 조사되었다.

한강유역의 한성백제시기의 마을유적에서는 평면형태가 방형, 타원형, 육각형 등 다양한 형태의 주거지가 조사되었다. 이 중 육각형 주거지는 몽촌토성, 풍납토성, 하남 미사리[27], 파주 주월리[28], 포천 자작리[29] 등지에서 발견되었는데 돌출된 출입시설이 없는 육각형주거지, 철(凸)자형 육각형 주거지, 여(呂)자형 육각형 주거지 등 출입시설의 형태에 차이가 있다. 대개 육각형 주거지는 출입구가 남쪽에 있고 반대편 북쪽에 아

....
24 『삼국사기』권25 「백제본기」개로왕 21년조. "이때에 이르러 고구려의 대로(對盧)인 제우(齊于)·재증걸루(再曾桀婁)·고이만년(古爾萬年) 등이 군사를 거느리고 와서 북성(北城)을 공격해 7일만에 빼앗고 남성(南城)으로 옮겨 공격하니 성안이 매우 두려워하였다. 왕이 나가 도망가자 고구려 장수 걸루(桀婁) 등이 왕을 보고는 말에서 내려 절한 다음 왕의 얼굴을 향해 세 번 침을 뱉으며 그 죄를 헤아리고, 포박하여 아차성(阿且城) 아래로 보내 죽였다."

25 『日本書紀』권14 「雄略紀」20년조. "『백제기(百濟記)』에 이르기를 '개로왕 을묘년(475) 겨울에 이리(고구려)의 대군(大軍)이 와서 대성(大城)을 7일 낮 7일 밤 동안 공격해 왕성(王城)이 함락되니 마침내 위례(慰禮)를 잃었다. 국왕과 대후(大后), 왕자 등이 모두 적의 손에 죽었다'고 하였다."

26 한성백제박물관, 2013, 『백제의 꿈 왕도한산』, p.18.

27 미사리선사유적발굴조사단·경기도공영개발사업단, 1994, 『미사리』제1~5권.

28 경기도박물관, 1999, 『파주 주월리 유적-'97·'98 경기도박물관 조사지역』.
    한양대학교박물관·문화인류학과, 1999, 『파주 주월리 유적-'96·'97 한양대학교 조사지역』.

29 경기도박물관, 2004, 『포천 자작리유적Ⅰ-긴급발굴조사 보고서-』.
    경기도박물관, 2004, 『포천 자작리유적Ⅱ-시굴조사 보고서-』.

궁이나 부뚜막이 있다. 부뚜막은 점토와 판석을 결합하여 양 벽과 천장을 만들고 굴뚝까지 터널 모양으로 연결하는 형태이며, 포천 자작리유적 2호 주거지의 사례처럼 가옥 지붕에 기와를 사용한 사례도 확인된다. 따라서 육각형주거지는 다른 주거지에 비해 월등하게 큰 특징이 있어 신분이 높은 사람들이 살았을 것으로 추정된다.

이 시기 주거지에서 가장 중요한 특징으로는 부뚜막으로 사용된 외줄구들을 들 수 있다.[30] 이전 시기의 조리시설이 얕은 구덩이를 파고 한 겹의 돌을 깔거나(부석식 노지) ㄱ자형 외줄구들이었지만, 한성백제시기의 주거지에는 주로 주거지 출입시설의 반대편 모퉁이 혹은 벽면 가까이에 점토와 판석을 이용해 일자로 아궁이와 솥걸이를 갖춘 부뚜막 시설(ㅡ자형 외줄구들)을 만들어 사용하였다. 특히 부뚜막의 입구에 부착한 "∩"자 모양의 아궁이 장식틀(竈額板)이 출토되었는데, 풍납토성에서는 다양한 토제 장식틀이 확인되며, 몽촌토성에서는 철제 장식틀이 출토된 바 있다. 이러한 아궁이 장식틀은 고구려에서 사용한 모습이 확인되므로 그 기원은 고구려의 아궁이에서 찾을 수 있다고 판단되며, 고구려와 같은 출자임을 표방한 한성백제의 문화가 고구려 주거지와 연결될 수 있음을 알려주는 중요한 특징으로 볼 수 있다. 그리고 ㅡ자형과 ㄱ자형 외줄구들의 구조적 차이[31]를 각각 낙랑과 고구려로 상정한 뒤 ㅡ자형을 낙랑 및 대방

---

30   외줄구들의 기원과 관련하여 일반적으로 이해하고 있는 세죽리-연화보 유형의 연대와 한반도 중부지방 외줄구들의 출현 시점(2세기 초엽)과는 시기차이가 확인된다. 이러한 연대차이를 극복하기 위해서는 기원전 1세기 이후의 낙랑문화나 고구려 주거지와의 관련성을 검토할 필요가 있다. 특히 개성시 봉동읍 유적에서 조사된 주거지의 ㄱ자형 외줄구들은 그 기원을 살펴보는데 있어 이러한 추정을 뒷받침한다.
한국토지공사 토지박물관, 2005, 『개성공업지구 1단계 문화유적 남·북 공동조사 보고서』.
이현혜, 2010, 「옥저의 기원과 문화 성격에 대한 고찰」, 『한국상고사학보』제70호, 한국상고사학회, p.64.
이병훈, 2011, 『원삼국~한성백제기 중부지방 외줄구들의 변천과정』, 숭실대학교 대학원 석사학위논문.

31   박경신, 2006, 「고구려의 취난시설 및 자비용기에 대한 일연구」, 『숭실사학』제19집, 숭실대학교 사학회, pp.237~240.

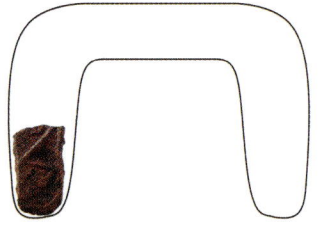

063 아궁이틀 竈額板飾
Frame of Fireplace
몽촌토성 | 높이 27.1 | 서울대학교박물관

[그림 16] 철제 아궁이 장식틀(한성백제박물관 2013)

군, ㄱ자형 외줄구들의 기원을 고구려로 상정한 견해가 있다.[32] 또한 호서, 호남지역의 마한계 주거지에서도 이러한 아궁이 장식이 발견된 점으로 볼 때, 한성백제의 주거문화가 마한지역으로 확산되는 모습으로 볼 수 있다.

한성백제의 영역은『삼국사기』백제본기 온조왕 13년조(B.C.14)에서 "북으로는 패수(浿水)에 이르고, 남으로는 웅천(熊川)에 닿고, 서로는 대해(大海)에 이르며, 동으로는 주양(走壤)까지 이른다"는 내용은 한성백제시기의 영역을 추정할 수 있는 자료이다.『삼국사기』에서 백제의 동쪽 경계로 지목된 〈주양(走壤)〉은 춘천 일대로 비정되었는데, 화천 원천리유적에서 대규모 마을유적이 확인되었다.[33] 평면형태가 철(凸자)형 또는 여(呂)자형 주거지로 평면형태가 육각형, 오각형, 방형 등 다양한 모습을 보이며, 모두 117기의 주거지와 저장창고 등으로 쓰인 구덩이 88기가 확인되

....
오승환, 2008,「우리나라의 이동용부뚜막 연구」,『한강고고』제2호, 한강문화재연구원, pp.106~115.

[32] 박중국, 2011,『呂자형 주거지를 통해 본 중도문화의 지역성』, 한신대학교 대학원 국사학과 석사학위논문, pp.83~89.

[33] 예맥문화재연구원, 2013,『화천 원천리유적-화천 원천리 2지구 유물산포지내 발굴조사보고서-』.

었으며, 4세기 무렵부터 마을이 조성되기 시작한 것으로 알려져 있다. 고구려를 막기 위한 백제의 군사거점으로 추정된다.[34]

금강 북안에 형성된 연기 나성리유적은 한성백제시기의 지방 도시의 면모를 살필 수 있는 대표적인 마을유적으로 나성리토성과 함께 축조되었다.[35] 조사구역인 북편에는 한성백제시기의 구획저택 11기, 구획유구 29기, 주구건물 16기, 방형구획유구 4기, 망루 6기, 수혈유구 16기, 도로유구 13기, 구상유구 16기가 조사되었다. 구획저택은 외곽에 구획을 이루는 구를 설치하여 외부와 내부 공간을 구분한 뒤 내부에 건물과 수혈유구 및 우물(집수시설) 등 생활에 필요한 시설을 한 유구로 정리할 수 있다. 나성리 유적은 4세기말에서 5세기 초반 무렵 외부에서 이주한 집단에 의해 만들어진 마을로 그 규모로 볼 때, 한성백제시기의 중앙 유력 집단으로 추정된다.

한편 한성백제기 도성인 한성 바깥쪽에 위치한 지방의 대형 마을유적을 살펴보면 이러한 주거지가 지역별로 밀집된 모습을 보여주는데, 이들 마을유적에서 출토된 한성백제 관련 유물을 통해 한성백제의 지배력과 통제가 이루어진 모습을 살펴볼 수 있다. 그러나 이러한 모습이 중앙집권국가의 행정력이 도달한 고대국가의 모습으로 보기에는 한계점이 있다.[36] 지역별로 금동관모와 금동식리 그리고 환두대도 등을 소유한 지역 호족의 세력이 존재했고, 이들의 존재를 용인하고 지방지배에 이용[37]

....
34 심재연, 2013, 「6. 한성백제기 북한강유역 진출양상」, 『화천 원천리유적-화천 원천리 2지구 유물산포지내 발굴조사보고서-〈제Ⅳ권:본문3·부록〉』, 예맥문화재연구원, p.172.
    한성백제박물관, 2013, 『백제의 꿈 왕도한산』, p.100.
35 중앙문화재연구원·한국토지주택공사, 2015, 『행정중심복합도시 중앙녹지공간 및 생활권 2-4구역 내 저습8유적(북쪽) 연기 나성리유적』.
36 이현혜, 2013, 「백제 고이왕대 연맹왕국설 검토」, 『백제연구』제58집, 충남대학교 백제연구소.
37 한성백제의 왕도인 서울 풍남동, 몽촌동 일대에서 멀지 않은 경기도 화성시 요리고분군 I지점 1호 목관묘에서 출토된 금동관모와 금동식리의 존재는 5세기 초까지 지방에 지방관을 파견하여 직접 지배를 한 것보다는 현지 호족들을 이용하여 간접지배방식으로 지방을 통제하고 관리한 것으로 보인다.

한 것으로 본다면, 한성백제의 도성 외곽에 위치한 대형 마을의 존재는 문화적으로 한성백제와 공통된 주거문화를 공유한 것으로 볼 수 있다. 결국 서울, 경기 및 영서, 영동지역에 걸쳐 광범위하게 분포하는 여(呂)자형 주거지와 철(凸)자형 주거지의 존재는 중부지역을 중심으로 한 공통된 주거형태로 지역 내 자연환경과 기후조건에 적절하게 대응하는 모습으로 출현한 주거형태라고 볼 수 있다.

여(呂)자형 주거지와 철(凸)자형 주거지는 중앙 장축선상에 부가된 출입부뿐만 아니라 기둥배치, 석제 취사난방시설의 위치, 입지 등에서 정형화된 축조원리를 보여주는 주거유형[38]으로 평면형태의 분류에 있어서도 출입부를 제외한 주 생활공간의 형태에 따라 방형, 오각형, 육각형 등으로 분류하고 있으며, 시간성을 반영하고 있는 것으로 보고 있다.[39] 또한 ㄱ자형 외줄구들에서 일자형 외줄구들로 그 형태가 변화하는 모습이 확인되는데, 이는 주거 공간의 활용과 관련된다고 생각된다. 한편 이시기 중부지역에서 확인되는 방형, 말각방형, 장방형, 여(呂)자형, 철(凸)자형 등의 주거지 평면형태가 기본적으로 네모난 모습임을 기준으로 삼고 "방형 주거지"로 구분하고 원형 주거지와 비교하고 공간차이를 살핀 의견도 있다.[40]

영서, 영동지역에 분포하고 있는 여(呂)자형 주거지와 철(凸)자형 주거지는 서울, 경기지역과 달리 평면형태가 육각형인 사례가 적은 점과 기와의 사용사례가 확인되지 않는 점은 두 지역사이에 차이를 보여준다

....

한국문화유산연구원, 2018, 『화성 요리 고분군-화성 향남2지구 동서간선도로 내 문화유적 발굴조사 보고서-』, p.263.

38 박중국, 2011, 『呂자형 주거지를 통해 본 중도문화의 지역성』, 한신대학교 대학원 국사학과 석사학위논문.

39 송만영, 1999, 「중부지방 원삼국 문화의 편년적 기초-주거지의 상대편년을 중심으로」, 『한국고고학보』제41집, 한국고고학회.

40 오세연, 1995, 「중부지방 원삼국시대 문화에 대한 연구」, 『한국상고사학보』제19집, 한국상고사학회, p.267.

고 볼 수 있다. 일부 영서 지역의 주거지에서 한성백제토기가 확인되지만[41] 이는 교류에 의한 것으로 보이며, 오히려 중도식 무문토기가 다 수를 점하고 있는 점과 낙랑계 토기가 다수 확인되는 점은 서울, 경기지역과 다른 문화권으로 존재했고 주거형태는 공통된 모습이지만 결국 지역 간의 문화차이를 보여준다고 볼 수 있다.[42]

이러한 모습은 중부지방에 분포하고 있는 여(呂)자형 주거지와 철(凸)자형 주거지가 당시 환경조건에 알맞은 주거형태로 채용되었고, 이는 전 시기의 주거형태보다 건축구조적으로 발전된 모습으로 판단된다. 결국 한강유역과 달리 영동, 영서지역은 한성백제와 문화적으로 구분되는 예의 영역으로 볼 수 있지만, 주거형태의 차이보다는 실생활에서 사용한 토기 등의 기물과 계통차이로 볼 때, 예 지역은 한성백제보다는 낙랑지역과의 교역에 치중한 모습을 확인할 수 있다.

한반도 중서부와 서남부 지방에서 오랜 기간 이어진 마한 문화는 그 특성이 같으면서도 달라 크게 중부, 호서, 호남 등 3개의 권역으로 구분된다. 주거지는 대체로 사주식(四柱式) 주거지가 집중된 모습이다.[43] 이 사주식 주거지는 내주의 기능을 가진 네 개의 기둥구멍이 주거지 모서리에 방형으로 배치된 형태로 마한과 관련된 것[44]으로 보고 있지만, 백제 주거지의 영향으로 벽구나 외부 돌출구 등이 설치된 사례도 확인된다. 이러한 모습은 마한 문화권의 주거형태인 사주식 주거지와 백제 문화권의

---

41 백제의 동쪽 경계에 있어 애매한 입장을 견지되었지만, 화천 원천리유적의 조사결과로 볼 때, 변경의 기준을 설정할 수 있다고 생각한다.
심재연, 2006, 「한성백제기 북한강 중상류지역의 양상에 대하여」, 8àâY-14집, 호서고고학회.

42 박중국은 이러한 특징을 고려하여 〈중도문화권〉이라고 부르고 있다.
박중국, 2011, 상게논문, p.71.

43 정일, 2006, 「전남지역 사주식주거지의 구조적인 변천 및 전개과정」, 『한국상고사학보』제54호, 한국상고사학회.

44 김승옥, 2004, 「전북지역 1~7세기 취락의 분포와 성격」, 『한국상고사학보』제44호, 한국상고사학회.

주거의 벽구, 벽주가 함께 결합된 모습으로 보기도 한다.[45]

취사와 난방시설은 아궁이와 굴뚝의 위치, 그리고 축조방법에 따라서 부뚜막과 외줄구들 구분할 수 있으며, 외줄구들의 경우에는 배연시설을 구들처럼 만든 것과 바로 바깥으로 빠지도록 만든 모습이 확인된다. 아궁이의 경우에는 아궁이 장식틀을 사용한 모습이 특징적이며 배연부에 별도의 원통형 연가를 만든 점은 독특한 모습이다. 이들 시설을 만든 재료는 점토, 석재와 점토를 섞은 것으로 구분되는데, 대체로 점토를 주로 사용한 모습이다.

주거지 내부에 마련한 벽구는 벽체의 설치와 관련되며, 평면형태는 一자형, ㄱ자형, ㄷ자형, ㅁ자형 등으로 다양한 모습이 확인된다. 이들 벽구는 사주식과 사주벽구식, 비사주식의 주공배치를 보이는 주거지에서 상부구조를 보조해주는 시설로 이용되었다. 다만 배수시설인 외부돌출구의 경우에는 그 조사사례가 드물며 일부 구릉지에 위치한 주거지에서 확인된다. 이러한 배수시설은 주거지 내부의 벽구시설과 연결된 형태로 확인되므로, 벽가를 따라서 고인 물을 외부로 배출하는 시설로 보인다.

주거지 출입시설은 횡방향으로 출입이 이루어지는 형태와 사다리를 이용하여 상하방향으로 출입이 이루어지는 형태의 두 가지로 구분된다.[46] 횡방향 출입시설은 형태에 따라 철(凸)자형 또는 여(呂)자형으로 구분되며, 상하방향의 출입시설은 고고학적인 조사를 통해 확인된 사례는 없으나 당시 가옥의 모습을 기록한 문헌내용[47]과 중부지방 이남에서 확인된 수혈주거지의 잔존사례를 통해서 추정할 수 있다. 따라서 백제지역 내 주거지의 변화는 한성백제기의 주거지와 호서, 호남지역의 마한계 주

---

[45] 김승옥, 2007, 「금강유역 원삼국~삼국시대 취락의 전개과정 연구」, 『한국고고학보』제65집, 한국고고학회.
서현주, 2011, 「3~5세기 금강유역권의 지역성과 확산」, 『호남고고학보』37, 호남고고학회.

[46] 권오영, 2009, 「원삼국기 한강유역 정치체의 존재양태와 백제국가의 통합양상」, 『고고학』8-2, 서울경기고고학회.

[47] 『후한서』동이열전 한조. "作土室 形如冢 開戶在上"

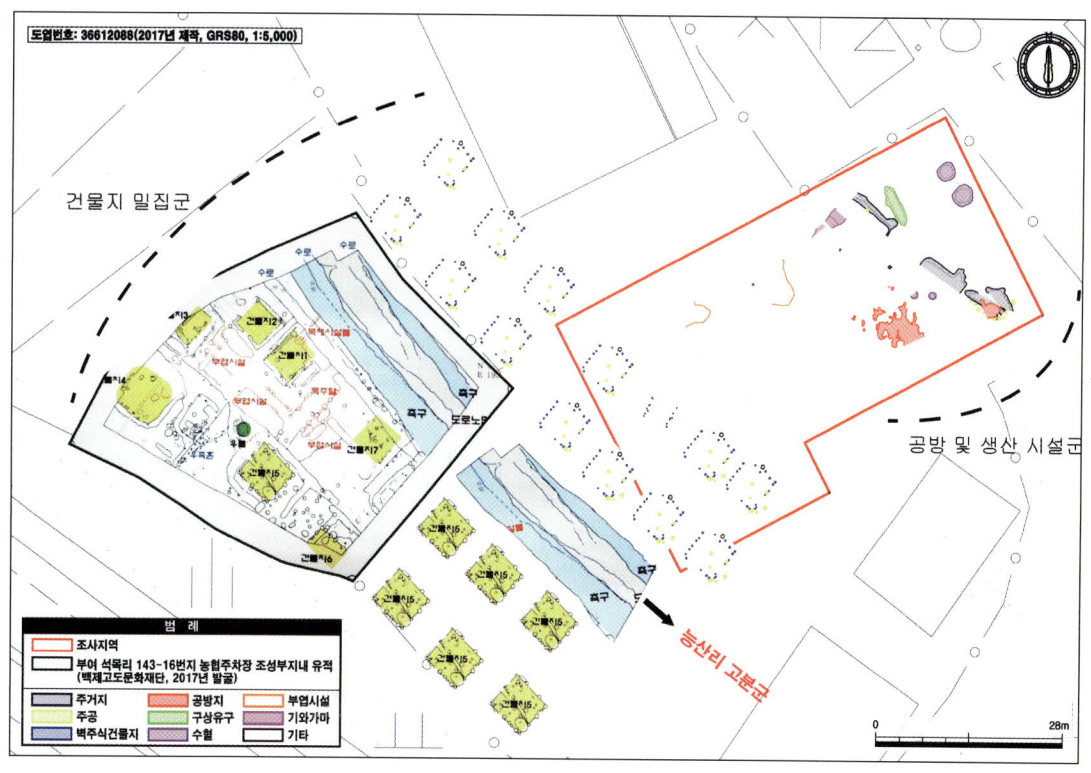

[그림 17] 부여 석목리 143-7번지, 16번지 유적의 주거공간분포도(금강문화유산연구원 2019)

거지로 각각 구분하여 살펴볼 수 있는데, 시기가 흐를수록 한성백제계 주거지의 시설들이 마한계 주거지에 채용되는 모습을 보여준다. 이러한 모습은 결국 백제문화가 호서, 호남지역에 영향을 주는 모습을 볼 수 있다. 한편 이러한 변화모습이 일부의 문화요소만을 선별적으로 채용하고 있는 양상을 보이고 있어 주거형태의 변화가 백제적인 주거문화요소에 의해 일원적으로 변화하는 것은 아니라고 보는 시각[48]도 있지만, 백제의 영역화가 지속적으로 이루어지는 당시 상황 속에서 마한지역의 전통적인 가옥구조가 유지되는 것은 현지의 기후환경에 적합한 구조의 주거지가 계속 유지되는 것으로 봐야할 것이다.

----

48 양지훈, 2014, 『호서지역 원삼국~삼국시대 수혈주거지 연구』, 고려대학교 대학원 문화재협동과정 석사학위논문, p.50.

웅진백제시기의 마을유적으로는 부여 관북리의 왕궁과 왕릉묘역인 능산리고분군을 연결하는 도로 주변인 쌍북리[49]와 석목리[50] 일대에서 확인된 마을유적은 도로를 중앙에 두고 양쪽에 방형의 주거지가 마련된 모습이며, 주변에 위치한 공방으로 볼 때 공인들이 거주하던 마을로 추정된다.

3. 신라

신라는 사로6촌을 기반으로 고대국가로 발전을 했다. 당시 모습은 『삼국사기』에 기록된 것처럼 "조선(朝鮮) 유민들이 산과 계곡 사이에 나뉘어 살아 육촌을 이루었다."라는 내용이다. 신라 시조인 박혁거세와 관련하여 당시 경주지역에 존재한 6개 중심마을의 존재가 확인되는데, 마을의 입지가 구릉과 계곡지역임을 알려준다. 또한 그 출자와 관련하여 고조선 유민임을 밝히고 있는데, 이 부분은 고구려와 백제의 출자문제와 비교할 때 주목된다.

신라의 초기 취락과 가옥의 모습을 보여주는 유적은 드문 편이며 경주[51] 이외 지역인 울산 명산리 314-1번지[52], 병영성[53], 양산 평산리[54],

---

49 울산발전연구원문화재센터, 2020, 『부여 쌍북리 56번지 유적-부여 사비한옥마을 조성부지 내 유적 발굴조사 보고서-』.

50 금강문화유산연구원, 2017, 『부여 석목리 143-7번지 유적』.
백제고도문화재단, 2019, 『부여 석목리 143-16번지 유적』.

51 국립경주박물관, 2000, 『경주 황성동 유적Ⅰ·Ⅱ』.
경북대학교박물관, 2000, 『경주 황성동 유적Ⅲ·Ⅳ』.
계명대학교박물관, 2000, 『경주 황성동유적Ⅴ』.
국립경주문화재연구소, 2004, 『월성해자 발굴조사 보고서Ⅱ』.

52 울산발전연구원 문화재센터, 2009, 『울주 명산리 314-1번지 유적 근린생활시설 신축부지 발굴조사 보고서』.

53 울산문화재연구원, 2005, 『울산 병영성』.

54 동아대학교박물관, 1998, 『양산 평산리 유적』.

대구 평촌리[55], 경산 임당유적[56], 대구 시지지구[57], 매호동 1008번지[58], 포항 호동[59], 양덕동[60], 흥해읍 성곡리 유적[61] 등에서는 당시 취락이 확인된 바 있다.

경주 황성동유적에서 조사된 주거지는 평면형태가 원형 또는 말각방형으로 마을을 이룬 모습이며, 인접한 제철유적과 관련된 공인마을로 보인다. 다지구에서 조사된 원형주거지의 경우에는 노지가 확인되며, 가·나지구의 말각방형주거지의 경우에는 외줄구들이 확인된다. 월성 북편과 북서편인 다지구에서 조사된 주거지는 벽주를 빼곡하게 돌린 형태와 수혈주거지가 확인되는데, 구들이 확인되지 않지만 존재한 것으로 추정되며, 경산 임당유적에서 조사된 주거지와 동일한 모습으로 보인다.

포항지역에서 조사된 삼국시대 주거지는 평면형태가 방형, 장방형, 타원형 등이며 주혈, 노시설, 외부돌출구, 벽구, 단시설, 벽체시설, 상면의 처리방법, 저장공시설, 출입시설 등이 확인된다.

대구 평촌리유적에서는 원형주거지에 벽가를 따라서 일자형 외줄구들이 설치된 모습이며, 대구 매호동 1008번지 유적은 방형주거지로 벽가를 따라서 ㄱ자형, ㄷ자형 외줄구들이 확인되며, 단벽 한쪽으로 치우쳐서 문을 낸 모습이다. 평면형태에서는 차이를 보이지만 중부지역에서 확인된 여(呂)자형 주거지와 철(凸)자형 주거지의 출입문 위치가 변화한 것으로 볼 수 있으며, 외줄구들이 주거지 안에 배치된 모습 등은 동일한 모습이다. 한편 영남지역에서는 문경 신기동 740번지 유적에서 중부지방의

---

55 경상북도문화재연구원, 2010, 『달성 평촌리·예현리 유적』.
56 영남문화재연구원, 1999, 『경산 임당동 유적I-F, H지구 및 토성-』.
    영남문화재연구원, 2008, 『경산 임당택지개발사업지구(I지구)내 경산 임당동 마을I·II』.
57 영남문화재연구원, 2000, 『대구 시지지구 생활유적II』.
58 영남문화재연구원, 2009, 『대구 매동초등학교 신축부지 내 대구 매호동 1008번지 유적』.
59 경상북도문화재연구원, 2005, 『포항호동유적I』; 2008, 『포항호동유적II~VIII』.
60 성림문화재연구원, 2011, 『포항 양덕동 유적I-생활유적-』.
61 한빛문화재연구원, 2012, 『포항 성곡리 유적』.

[그림 18] 대구 매호동 1008번지 유적 주거지 복원도(영남문화재연구원 2009)

철(凸)자형 주거지가 확인된 점[62]으로 볼 때, 귀틀집이 남부지역에 축조되면서 중부지역의 주거형태가 일정부분 영향을 준 것으로 볼 수 있으며, 중부지역의 외줄구들이 영남지역으로 확산되는 시기와 과정을 알려준다.

중부지방에서는 신라의 한강유역진출과정에서 설치된 군사거점지역을 중심으로 많은 유적들이 확인되며, 삼국통일 후 주군을 설치하면서 만들어진 취락이 다 수 확인되고 있다.[63]

수혈주거지의 평면 형태는 방형, 장방형, 타원형, 말각방형, 횡장방형, 여(呂)자형, 타원형 등으로 세분할 수 있지만 방형과 장방형주거지가 대부분이며 내부에 구들이 설치된 모습이다. 하지만 신라왕경 안에서는 이러한 수혈주거지의 모습이 거의 확인되지 않으며, 동천동 일원 등에서 일부만 조사되었다. 그 원인으로는 왕경 내 거주민이 내위(內位)를 가진 왕경인으로 지방민과는 다른 지위를 차지한 점에 기인하며, 거주조건 역시 지방과 달랐기에 당시 왕경 안에서 수혈주거지의 축조가 이루어지지 않았던 것으로 볼 수 있다.

----

62 대동문화재연구원, 2015, 『문경 신기동 740유적-문경 신기 제2일반산업단지 조성부지내 유적 시·발굴조사보고서-』.

63 김은겸, 2014, 『중서부지방 신라 취락의 고고학적 분석 연구』, 아주대학교 대학원 석사학위논문.
박수미, 2015, 『경기지역 신라말~통일신라시대 수혈주거지 연구』, 한양대학교 대학원 석사학위논문.

신라는 경주에 월성을 쌓고 주변 일대를 정비하여 왕경을 만들었다. 초기에 만들어진 이러한 왕경의 모습은 분명하지 않지만, 이후 방리를 갖추면서 도시의 모습을 갖추어갔다.

　　신라 자비왕 12년(469)에 "京都에 坊里名을 정하였다."라는 내용은 왕경 내 도로를 만들고 개별 건물이 있는 택지를 구별한 것으로 보이며, 이러한 구분은 앞서 고구려유적인 중국 길림성 민주유적에서 확인된 석주나 평양성 내 표석처럼 당시 도시 공간을 구분하려는 의도가 반영된 것으로 볼 수 있다. 한편 진흥왕대 황룡사를 축조하면서 벌인 대규모 토목공사로 만들어진 황룡사 주변 방리 안에는 여러 크기의 가옥이 위치하였으며, 도로를 통해 출입이 가능한 모습이다. 당시 왕경 내 건물들은 대부분 귀틀집으로 왕궁, 관청, 사찰 등에는 고구려처럼 기와를 사용했지만 일반 건물은 사용하지 않았다. 내부에 온돌을 설치하기 보다는 아궁이를 통한 취사만 이루어진 모습으로 추정되며, 건물 안에서 입식생활을 한 것으로 보인다.[64]

IV. 맺음말

　　본 발표에서 다룬 가야 외 지역의 주거와 취락의 공간범위는 중국 길림성부터 한반도 남부지역까지 매우 넓은 공간이다. 이 공간 안에 위치한 여러 시기의 다양한 취락유적들의 특징을 살펴보기 위해서는 먼저 공통된 비교대상을 찾고 이러한 공통된 특징을 어떻게 반영해서 비교할 것인가 고민할 필요가 있다.

----

[64] 양정석, 2007, 「신라 왕경인의 주거공간: 삼국사기 옥사 조(條)와 왕경(王京) 유적의 관계를 중심으로」, 『신라문화제학술논문집: 신라 왕경인의 삶』 28, 동국대학교 신라문화연구소.

앞서 살펴본 것처럼 공간으로 볼 때, 삼국시대의 한반도는 중국 동북지방과 북반부를 차지한 고구려와 한강 이남지역을 동, 서로 나눈 신라와 백제 그리고 경상남도 김해를 중심으로 한 금관가야와 이후 경상북도 고령을 중심으로 한 대가야로 구분되며, 한강 이동지방에 해당하는 동해안 영동, 영서지역의 예(濊)로 지역을 나눌 수 있다. 이들 지역을 기후와 지리조건으로 살펴보면 사람들이 거주하는 가옥의 형태와 공간, 난방시설 등에서 차이가 확인된다.

이러한 기준을 가지고 각각의 지역별 주거형태를 살펴보면 고구려는 고래를 갖춘 기와집과 수혈주거지를 중심으로 취락이 만들어졌다. 왕성 안에는 도로와 택지공간의 경계를 나타내는 표지석을 세우고 담장으로 경계를 구분한 택지 안에 온돌시설과 기와를 사용한 대형 가옥들을 건축했다. 산성 안에는 기와건물과 수혈주거지가 공간을 구분한 모습으로 위치하며 이는 기능의 차이로 보인다.

한성백제와 예의 영역으로 생각되는 한강유역과 영서, 영동지역을 살펴보면 평면평태와 규모가 다른 여(呂)자형 주거지와 철(凸)자형 주거지가 확인되는데, 가옥 안에 설치된 구들로 볼 때, 두 지역간 차이는 크지 않은 모습을 보여준다. 이러한 모습은 중부지방에 분포하고 있는 여(呂)자형 주거지와 철(凸)자형 주거지가 당시 환경조건에 알맞은 주거형태로 채용되었고, 이는 전 시기의 주거형태보다 건축구조적으로 발전된 모습으로 판단된다. 한편 이시기 중부지역에서 확인되는 방형, 말갈방형, 장방형, 여(呂)자형, 철(凸)자형 등의 주거지 평면형태가 기본적으로 네모난 모습임을 기준으로 삼고 "방형 주거지"로 구분하고 "원형 주거지"와 비교한 모습은 주거지의 평면형태를 방형과 타원형으로 단순하게 구분해도 내부 공간의 차이가 분명한 모습임을 알려준다.

하지만 지붕에 기와를 사용한 사례를 살펴보면 한성백제의 대형 가옥들에서 많이 확인할 수 있으며, 이는 기와라는 지붕 재료가 가진 특수성과 권위를 알려준다. 또한 영서, 영동지역 취락 안에서 출토된 토기로 보면 한성백제와의 관련성이 있지만, 이와 별도로 낙랑지역과의 교류를 통해서 이들 지역의 토기를 소비한 모습이 확인된다. 이는 영서, 영동지역이 한성백제에 속한 것이 아니라 정치적으로 볼 때, 낙랑지역과 교역을 하면서 별개의 세력으로 존재했음을 알려준다.

마한지역의 가옥으로 알려진 사주식주거지는 그 분포지역이 호서, 호남지역을 중심으로 하지만, 경기도 지역에서도 확인되며, 주거지 안에 부뚜막과 화구에 아궁이 장식틀을 설치하고 원형 토관을 굴뚝으로 사용하는 모습은 한성백제의 주거문화의 영향을 받은 것으로 볼 수 있다. 따라서 마한의 문화권 안에 위치한 이들 사주식주거지는 한성백제의 영향이 확산되면서 본래의 모습에서 변화하는데 이는 주거지 내 벽구, 벽주, 외부돌출구 등의 시설이 추가되는 형태로 나타난다.

신라의 취락과 가옥은 이른 시기 자료가 많지 않지만 경주 황성동 유적으로 볼 때, 평면형태가 원형에서 말각방형으로 바뀌면서 외줄구들이 설치된 모습이며, 이는 대구, 경산지역에서 조사된 주거지들과 동일하다. 한편 경상북도 문경지역에서 중부지방의 영향을 받은 철(凸)자형 주거지와 함께 외줄구들이 확인되는 점은 영남지방의 가옥 구조에 영향을 준 것으로 볼 수 있다.

이상과 같이 가야 외 지역의 취락과 가옥을 살펴본 결과 현지의 지리환경과 기후조건을 반영한 모습이 중시된다. 또한 가옥의 난방 및 취사시설인 구들의 존재가 중요한 기준임을 알려주며, 고구려와 백제의 경우에는 아궁이 장식틀의 존재가 서로 동일한 주거문화를 공유했음을 보여준다. 그리고 이러한 아궁이 장식틀이 마한지역으로 보는 호서, 호남지역의 주거지에서도 확인되는 점에서 한성백제를 매개로 한 주거문화를 살펴볼 수 있다. 한편 영남지역에 위치한 신라는 진한지역 내 주거지와 큰 차이를 보이지 않지만 중부지역의 영향으로 인해 외줄구들이 보급되면서, 점차 사용이 확대된 듯하다. 하지만 신라왕경이 완성되는 시기에 있어서 왕경 내부에 건립된 가옥은 귀틀집으로 과거 수혈주거지 안에 외줄구들이 설치된 주거문화와 구분되며, 이후 수혈주거지는 소멸되는 모습을 보여준다. 하지만 지방에서는 이러한 외줄구들이 있는 수혈주거지가 계속 사용되는데, 이는 주거를 이용하는 주민의 차이로 볼 수 있다.

「가야 외 지역의 주거와 취락」에 대한 토론문

장용석 동국문화재연구원

먼저 이 논문을 작성하기 위하여 국내 및 중국의 자료까지 검토한 차순철 선생님의 학문적 열정에 대해 경의를 표합니다.

논문의 내용을 간략하게 요약하면 다음과 같다.

1. 가야지역을 제외한 삼국시대 지역별 가옥(주거)의 모습을 비교·검토하기 위하여 한반도 뿐만 아니라 중국 요녕성 및 길림성지역까지 포함하는 방대한 자료를 이용하였다. 검토 결과 가옥의 모습은 기후와 풍토에 맞는 지붕구조와 난방시설을 당시인들이 선택한 결과임을 확인할 수 있다. 특히 지역별 기후를 살펴보기 위해 공군에서 사용하는 자료를 근거로 한반도는 온난습윤과 한랭동계 기후구 2지역으로 구분되며, 이를 더 세분하면 13개 권역으로 가능하다고 한다(도 1 참조). 따라서 각 국가마저도 지역별로 자연환경에 따라 기후가 다를 수 있다.

2. 취락의 성격은 가옥을 포함한 여러 가지 시설물들의 조합(종교시설, 저장시설, 공방시설, 사회기반시설, 매장시설, 제의시설, 방어시설 등)을 통해 밝힐 수 있다.

3. 고구려지역의 주거형태는 고래시설을 갖춘 기와집과 수혈주거지(형태-방형, 장방형, 내부-외줄구들, 아궁이 및 지각, 석재 사용 벽면 등)그리고

왕성안에는 방리와 도로의 경계를 알리는 표지석(石標)을 세우고 이를 경계로 한 택지 안에 위치한 대형 가옥들이 존재한다고 한다. 취락은 산골짜기에 입지하고, 이엉을 엮어 지붕을 했으며, 온돌을 설치하고, 계곡물을 사용했으며, 양잠과 부경, 빈(殯)이 존재했다.

4. 백제지역의 경우, 한성백제기 주거지의 평면형태는 방형, 타원형, 육각형 등 다양한데, 육각형주거지는 몽촌토성, 풍납토성, 지방인 하남 미사리, 파주 주월리, 포천 자작리 등에서 확인되었다. 구조적으로는 돌출된 출입시설이 없는 육각형주거지, 철(凸)자형 육각형주거지, 여(呂)자형 육각형주거지 등 차이가 있음을 알 수 있다.

육각형주거지는 출입구가 남쪽, 반대편인 북쪽에 아궁이나 부뚜막이 있으며, 부뚜막은 점토와 판석을 결합한 형태이다. 포천 자작리2호는 지붕에 기와를 사용하였다고 한다. 이러한 예를 통해 볼 때, 육각형주거지는 신분이 높은 사람들이 살았을 것으로 추정했다. 그리고 이 시기 주거지의 가장 큰 특징은 외줄구들인데, 점토와 판석을 이용해 솥걸이를 갖춘 부뚜막시설(一자형 외줄구들)을 설치했다.

그리고 아궁이 장식틀(조액판, 竈額板)이 풍납토성(토제)과 몽촌토성(철제), 호서·호남지역의 마한계 주거지에서 출토되었는데 그 기원은 고구려 아궁이에서 찾아지는 것으로 볼 때 한성백제기의 문화를 고구려와 연결시키고 있음과 동시에 마한지역까지 확산되었음을 알 수 있다고 한다.

5. 신라지역에서는 경주 황성동, 포항 호동, 양덕동, 흥해 성곡리, 경산 임당, 대구 시지, 양산 평산리유적 등에서 취락이 조사되었다. 많은 유적들에서 외줄구들이 一·ㄱ·ㄷ자 형태로 설치되어 있었으며, 주거지들의 평면형태는 방형, 장방형, 타원형 등이다. 문경 신기동 740번지 유적에서는 중부지방의 철(凸)자형주거지가 확인되었으며, 내부에 외줄구들이 설치된 것으로 보아 중부지역에서 확산된 것으로 보고 있다.

그리고 중부지방에서 신라의 진출과 관련된 유적들도 확인되는데, 평면형태는 방형, 장방형, 타원형, 말각방형, 횡장방형, 여(呂)자형 주거지 등이다. 이 가운데 방형과 장방형이 대부분이며, 구들이 설치되었다. 그러나 신라 왕경 안에서는 수혈주거지의 모습이 거의 확인되지 않으며, 동천동 일원에서만 확인되었다. 이러한 원인으로는 왕경 내 거주민이 내위(內位)를 가진 왕경인으로 지방민과는 다른 지위를 차지한 점에 기인해 거주 조건도 지방과 달랐기 때문으로 이해된다.

지금부터는 위의 내용 가운데 몇 가지 질문을 발표자에게 드리고자 한다.

1. 취락의 성격을 언급하면서 일반 가옥과 시설물들의 조합을 검토해서 취락의 성격을 추론할 수 있다고 하였는데, 타당하다고 생각됩니다. 문제는 복수의 시설물들이 하나의 취락내에 분포하고 있을 수 있다는 점입니다. 이럴 경우 하나의 취락은 반드시 한 개만이 아닌 복수의 성격을 지닐 수 있다는 뜻입니다(예를 들어 중심취락-교통취락, 중심취락-제의관련 취락, 일반취락-생산취락 등). 논문에서 검토한 유적을 통해 그 예를 설명해 주셨으면 감사하겠습니다. 그리고 무엇보다 중요한 것은 취락이 자리 잡고 있는 곳의 입지적 측면과 주변유적-이를테면 고분군 등-과의 관계가 아닐까 생각됩니다.

2. 주거지 규모의 경우, 영남지방에서 조사된 원삼국~삼국시대 주거지의 규모는 대체로 50m^2가 넘지 않는다. 규모가 큰 주거지가 확인된 유적으로는 경산 임당유적(100m^2 이상)과 김해 봉황동유적(80m^2 이상)이며, 포항 호동유적의 경우는 300여기 가운데 50m^2가 넘는 것이 3기(최대 77m^2)이며, 137기가 조사된 진주 평거동유적의 경우도 50m^2 이상은 2기(최대 53m^2)이다. 즉 취락의 위계가 높을수록 대형주거지들이 분포할 가능성이

높다는 것으로도 해석할 수 있다.

고구려의 경우는 보고된 자료가 적어 정확한 내용을 알 수 없지만, 백제 한성기의 대규모 마을유적이 다수 조사된 한강유역과 춘천일대에서 조사된 평면 철(凸)자형과 여(呂)자형주거지의 경우 규모가 큰 예가 많이 확인되고 있다(풍납토성, 포천 거사리유적, 춘천 중도동 취락, 춘천 천전리 취락, 화천 원천리유적 등). 이처럼 규모가 큰 주거지들이 다수의 유적에서 확인되고 있는데, 이 유적들의 경우도 해당지역의 중심유적으로 평가되고 있는지 궁금하며, 주변에서 조사된 유적과 비교연구가 이루어진 예가 있다면 간략하게나마 설명 부탁드립니다. 그리고 이처럼 주거지의 규모가 큰 이유는 무엇인지도 궁금합니다.

3. 신라 왕경 안에서 수혈주거지의 모습이 거의 확인되지 않는 것에 대해 왕경 내 거주민이 내위(內位)를 가진 왕경인으로 지방민과는 다른 지위를 차지한 점에 기인한다고 기술하고 있다. 그렇다면 신라 이외 고구려, 백제의 경우는 어떠한지 궁금하다? 신라 왕경인 경주의 경우 동천동 및 시내 일원에서 조사된 다수의 수혈유구 가운데 일정한 형태(원형 및 방형)를 띠면서 규모가 3~5m 정도이며, 편평한 바닥면을 형성, 일정한 소토범위 확인, 바닥면 사방에 주혈이 배치된 경우, 일정한 형태의 석렬이 확인되는 유구들이 당시의 수혈주거지가 아니었을까 추정된다. 이렇게 본다면 왕경지구 안에도 지방에서 조사된 형태와 동일한 수혈주거지가 다수 분포했다고 보는 것이 합리적이지 않을까 생각된다.

4. 고구려의 경우 만발발자 유적(길림성 통화시)에서 주거지의 평면형태는 방형이며, 벽면은 할석과 잡석을 섞어 쌓은 형태가 조사된 바 있다. 그리고 춘천 근화동유적 C구역 14호 주거지의 경우도 평면방형이며, 네 벽면은 천석을 이용해서 축조했다. 북쪽에는 고래시설을 한 구조가 확인되었다. 두 유적에서 조사된 주거지의 형태나 벽면의 축조가 매우 유사

해 보이는 점에서 중국동북지방의 영향을 받은 것으로 인식해도 좋을런지 궁금하다. 만약 그러하다면 두 곳의 중간지대인 평안도와 함경도 지방에서도 이와 유사한 주거지들이 조사된 사례가 있는지 설명 부탁드립니다.

또 하나는 많은 노동력이 발생하는 다량의 석재를 이용하였다는 점에서 일반적인 주거지 보다는 다른 용도로 사용하기 위하여 축조한 수혈식주거지일 가능성은 없는지 궁금하다.

5. 마지막으로 향후 취락연구의 방향에 대해 한 말씀 해주시기 바랍니다. 취락연구가 본격적으로 시작된 이래 개별주거지에 대한 속성(평면형태나 내부시설 등)이나 취락의 입지, 기능, 규모, 위계 등에 대한 연구는 상당한 수준에 까지 이르렀다고 생각된다. 이를 바탕으로 지역내 연구와 지역간 연구 등 좀 더 넓은 범위로 연구를 확대시켜가야 올바른 지역사 연구가 될 수 있고, 이를 통해 국가의 형성과정을 이해하는데 일조할 수 있을 것으로 기대되기 때문이다.

5

가야 건물지 구들의 분포와 성격

고영민 국립중앙박물관

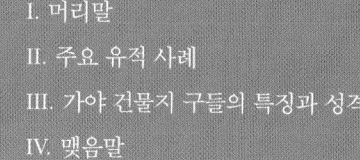

I. 머리말
II. 주요 유적 사례
III. 가야 건물지 구들의 특징과 성격
IV. 맺음말

I. 머리말

온돌로 익히 알려져 있는 구들은 우리나라 고유의 난방시설이다. 고대부터 사용하였으며, 고려·조선시대를 거쳐 현대에도 그 원리를 이용하고 있다. 온돌과 구들의 개념은 약간 차이가 있는데, 구들은 고래둑, 구들장으로 구성된 구조적 측면의 의미가 강하고, 온돌은 구들로 만들어진 난방방식의 의미가 크다.[1] 주거 건물 내에서 불을 피워서 취사와 난방을 겸할 수 있는 구들은 한반도에서 약 이천년이라는 긴 시간동안 사용되어 오면서 발전해왔다.

삼국시대 가야 지역에서도 이러한 구들을 사용하였는데 이시기 구들은 우리가 일반적으로 알고 있는 전통가옥의 형태와는 다르다. 전통가옥은 고래 위에 구들장을 깔고 그 위에서 생활하는 반면, 삼국시대의 것은 고래가 지하에 있는 것이 아니라 지상으로 돌출되어 있다. 또한 방 전체에 구들이 시설되지 않고 'ㅡ'자 또는 'ㄱ'자형의 외줄구들을 이용하였다. 구들은 취사 등에 사용하는 열의 전도를 이용하여 난방기능도 함께 할 수 있는 것으로 부뚜막에 불을 가하면 구들을 통해 달궈진 복사열을 통해 실내를 데우는 형식이다.

부뚜막에 연도나 구들이 없는 독립된 형태의 것은 부뚜막이라 하고, 연도가 달린 것은 연도 부뚜막, 여기에 구들이 시설되어 있는 것은 쪽구들이라고 한다. 연도 부뚜막은 부뚜막과 연도로 구성되어 있으며, 쪽구들은 부뚜막과 연도사이에 구들이 추가된 구조이다.[2]

가야의 구들에 관해서는 기존에 많은 선행 연구가 진행되었다. 본고에서는 가야지역의 구들이 출토된 주요 유적과 함께 가야의 구들의 분포와 특징에 대해 살펴보기로 한다.

---

1 김왕직, 『알기 쉬운 한국건축 용어사전』, 동녘, 2007, p.257.
2 송기호, 『한국 온돌의 역사』, 2019.

II. 주요 유적 사례

가야와 관련하여 건물지에서 구들이 발견된 유적은 사천 늑도유적, 진주 평거동유적, 창원 외동유적, 사천 봉계리유적, 함양 화산리유적, 고령 지산동 유적이 있다. 주요 유적의 현황은 다음과 같다.

[표 1] 가야 관련 주거지 구들 출토 유적 현황(송기호『한국 온돌의 역사』, 2019, p189 재편집)

유적명	전체주거지	구들주거지	구들형태	축조재료	비고
사천 늑도 A	90	41	타원형, 외구들	석재	삼한
사천 늑도 C	14	7	타원형	석재	
진주 평거동3-1	95	26	타원형	점토	
진주 평거동3-2	137	117	타원형	점토	
함양 화산리	43	24	타원형	점토	
사천 봉계리	149	6	타원형, ㄱ자형	점토	
창원 남산	35	3	타원형	점토	
창원 신방리	2	2	ㄱ자형		
창원 외동	3	1	타원형	점토	
창원 가음정동	3	1(추정)			
진해 용원	2	2(추정)			
고령 지산동	13	9	T자형	석재·점토	

[그림 1] 늑도 유적 C-13호 주거지 구들

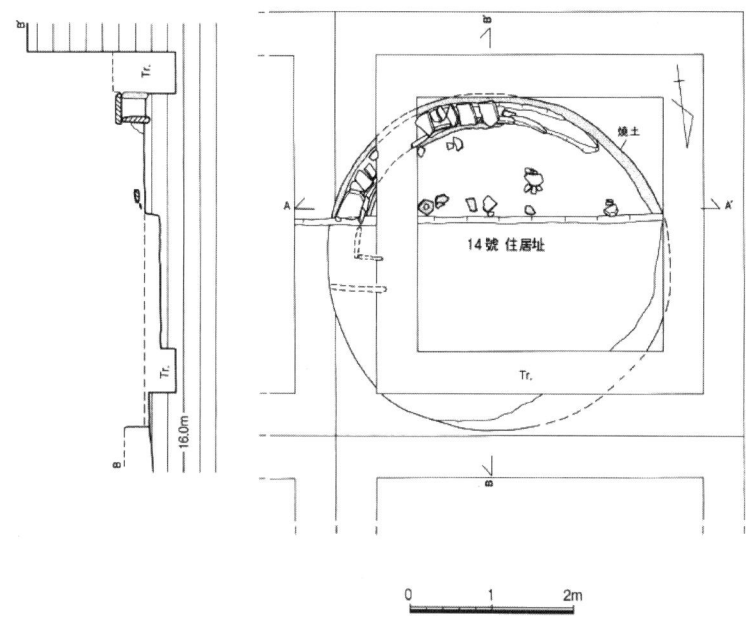

[그림 2] 늑도 유적 C-14호 수혈 주거지

　　남부지방에서 가장 이른 시기에 구들이 사용되어진 것으로 알려진 사천 늑도 유적은 영남지역 구들 문화의 초기 형태로 잘 알려져 있다. 삼한시대에 해당하지만 영남지역 삼국시대 주거지의 구들 변천과 관련하여 많은 연관성이 확인되므로 추가하였다.

　　늑도 유적에서는 방형과 원형의 주거지가 나타나는데 중복관계를 통해 볼 때 방형주거지가 원형주거지보다 선행한다. 방형주거지에서는 ㄱ자형의 외고래를 가진 구들이 주로 확인되었다. 원형 주거지에서는 구들을 원형의 벽면과 붙여서 만든 형태가 있다. 부뚜막은 대부분 판석을 세워서 만들었다. 구들의 고래도 석재를 주로 이용하여 만들었으며, 2매

[그림 3] 평거동 유적 수혈 건물지 중복 양상

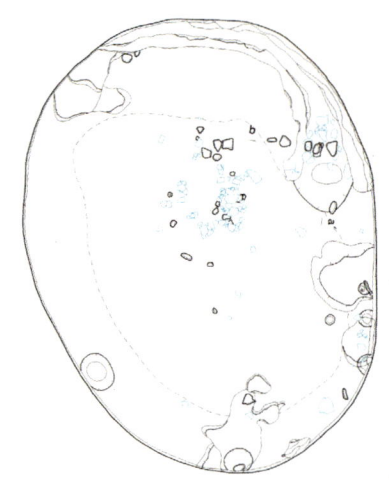

[그림 4] 평거동 유적 20-1호 주거지

  의 판석을 세우거나 1매의 판석을 세우고 상부에 다시 판석을 덮어서 만들었다.
  진주 평거동 유적은 진주 남강 변에 위치한 대규모 취락유적이다. 수혈건물지는 총 137기가 조사되었는데, 대체로 자연제방 정상부를 중심으로 분포하고 있다. 구들이 있는 건물지는 모두 117기로, 대부분 원형주거지이다. 구들은 동벽이나 서벽 중앙에 부뚜막을 설치하고, 단면 'ㄱ'자

[그림 5] 창원 외동 유적 2호 주거지

형태의 고래를 북벽을 따라 축조하였다. 구들과 부뚜막 내부에는 솥받침이 주로 확인되며 돌이나 토기를 사용하였다.

석재를 사용한 늑도 유적의 구들과 다르게 대부분 점토를 이용해 만들었으며, 보수하여 사용했다고 추정하기도 한다. 무투창고배나 평저장동옹 등 출토품으로 미루어 볼 때 취락의 중심연대는 3~4세기대로 알려져 있다.

창원 외동 유적은 구릉 말단 곡부에 위치하고 있으며, 모두 3기의 수혈주거지가 확인되었다. 모두 원형 주거지인데 이중 구들을 잘 확인할 수 있는 것은 2호 주거지이다. 길이 7m, 너비 5.6m의 타원형 주거지로 구들은 점토를 이용하여 만들었다. 주거지 벽면을 따라 1/4 가량 고래를 설치하였으며, 부뚜막은 동측에 위치하고 있다. 주거지 내부에서는 발형토기, 단경호, 철겸 등이 출토되었다.

함양 화산리 유적은 총 45기의 수혈 주거지가 조사되었다. 평면형태는 주로 원형과 타원형이며, 부뚜막 시설이 확인된 주거지는 모두 30기이다. 주거지 벽면을 따라 외고래의 구들이 주로 사용되었으며, 적갈색 점토를 이용해 만들었다. 고래의 단면은 원형이며 벽체에서 확인된 가공흔과 점토소성 상태로 보아 먼저 내부에 대나무 등으로 내부 구조를 만

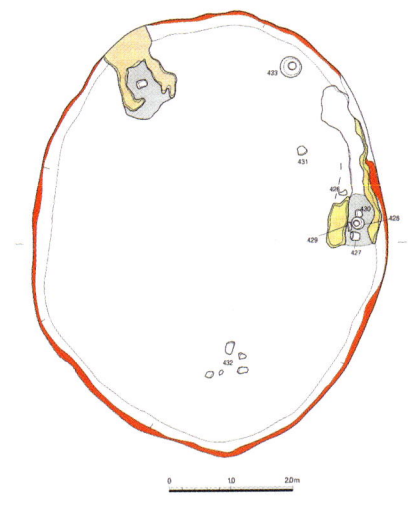

[그림 6] 함양 화산리 유적 25호 주거지

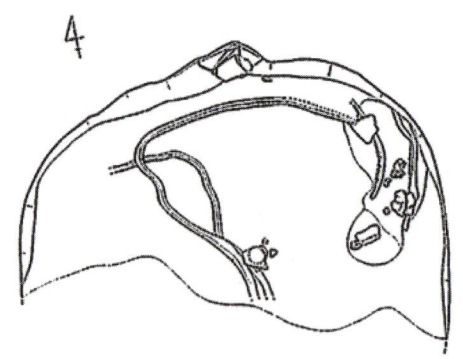

[그림 7] 사천 봉계리 유적 29호 주거지

들고 그위에 적갈색의 점토를 발라 형태를 유지하였다. 25호 주거지의 경우 두 개의 부뚜막이 확인되었는데 인위적으로 폐기된 흔적이 확인되지 않아 동시기 사용되었다.[3]

사천 봉계리 유적은 152기의 수혈 주거지가 확인되었다. 노지, 부뚜막, 연도부뚜막, 구들 등 다양한 시설이 확인되었다. 주거지 형태는 원형 및 타원형이 다수를 차지한다. 주거지 중 파괴된 것이 비록 많지만, 구들이 확인된 것은 모두 10여기 정도이다. 이중 29호 주거지에서는 ㄱ자형의 외고래 구들이 확인되었다. 구들은 주거지 벽면을 이용하여 만들어졌으며, 모두 점토를 사용하였다.

고령 지산동 유적은 지산동 고분군 주능선의 동편 계곡과 계곡의 동쪽 능선 서사면 일대에 위치해 있다. 수혈 주거지는 모두 13기가 확인되었다. 주거지의 모양은 방형과 타원형으로, 방형이 9기로 다수를 차지한다.

전체 주거지 중에서 구들이 확인되는 것은 모두 9기이다. 고래의 형태는 T자형으로 알려져 있으며, 조사자는 주거지가 파괴되어 고래의 잔존 양상이 일부에 지나지 않는 것도 형태적으로 T자로 추정하였다.[4] 돌과 점토를 이용하여, 주로 동쪽과 서쪽 벽면을 이용하여 설치하였다. 또한 일자형 고래의 중앙부를 돌출시켜 아궁이를 만들었다. 주거지 내부에서는 연질옹과 뚜껑, 고배 등의 유물로 보아 6세기 전반으로 추정되고 있다.

---

3 경남발전연구원 역사문화센터, 『함양 화산리유적』, 2007, p269.

4 경상북도문화재연구원, 『고령 지산동 유적』, 2007, p180.

[그림 8] 고령 지산동 유적 9호 주거지

III. 가야 건물지 구들의 특징과 성격

영남지역의 가야시대 건물지의 구들은 다음과 같은 특징을 가지고 있다. 먼저 모든 가야의 주거지에서 구들이 확인 되지는 않는다. 분포지역은 영남 해안지대를 시작으로 진주와 창원일대를 중심으로 사용되었으며, 내륙지역에서 일부 사용되었다. 주로 평거동 유적과 같은 평지나 곡부에 입지한 취락에서 확인된다.[5] 진주 평거동 유적이나 사천 봉계리 유적과 같은 대형 취락 내에서 일부 주거지에만 구들이 나타나는데, 수혈 주거지 내부의 부뚜막이나 구들 같은 시설이 계절의 변화에 맞춰서 매우

---

5 구들이 시설된 주거지의 입지적 특징에 대해 취락의 성격차이나 수혈 건물지의 폐기 시점에 따른 차이, 계절성 취락의 가능성을 제기한 선행 연구도 있다. 공봉석, 「경남 서부지역 삼국시대 수혈건물지의 구들 연구」, 『한국고고학보』 제66집, 2008.

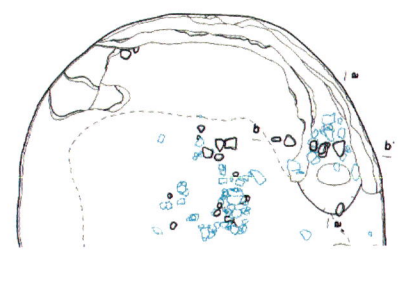 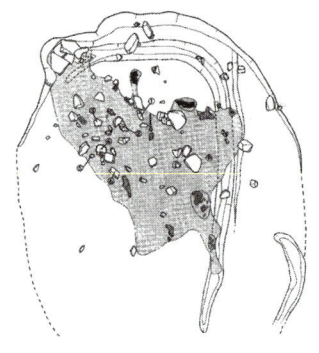 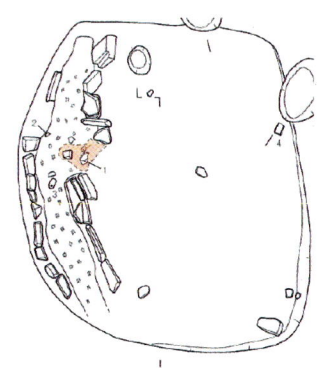

①.타원형 구들(평거동 20-1호)   ②.ㄱ자형 구들(봉계리 50호)   ③.T자형 구들(지산동 2호)

[그림 9] 가야 수혈 주거지의 구들 형태

유동적으로 구축되고 철거된 것으로 파악하기도 한다.[6]

축조 재료는 시기에 따라 달리 나타나는데, 사천 늑도 유적에서는 석재와 점토를 이용한 구들이 등장하였으나, 이후 가야의 주거지에서는 점토로만 만든 구들이 주를 이룬다. 고령 지산동 유적의 예에서 알 수 있듯이 삼국시대 후기가 되면 석재를 사용한 구들이 등장한다.

구들의 평면 형태는 영남지역에 널리 분포하고 있는 원형 주거지에 맞춰서 벽을 따라 타원형의 점토제 구들이 만들어졌다. 늑도 유적에서 방형의 주거지도 확인되나, 구들이 시설된 것은 원형 주거지가 다수를 차지한다. 구들과 부뚜막의 형태를 삼한시대 늑도 유적에서 확인되는 석재로 만들어진 ㄱ자형 구들에서 삼국시대 원형 주거지의 원형으로 변화하는 것으로 보기도 한다(공봉석 2008). 가야의 수혈 주거지 구들은 평거동 유적, 함양 화산리 유적, 창원 외동 유적 등에서 확인되듯이 주거지 내부 벽면의 1/3에서 1/4 가량에 걸쳐서 원형으로 만들어지며, 봉계리 유적 사례에서 보듯 일부 ㄱ자형이 만들어진다.

늑도의 주거지가 기원전후한 시기가 중심이라면 4세기대 원형주거

---

6   金賢, 「南海岸 쪽구들 住居址 登場에 대한 小考 - 勒島住居址를 중심으로 - 」, 『石軒鄭澄元敎授 停年退任記念論叢』, 2006, p360.

[그림 10] 고령 지산동 유적 9호 주거지의 구들

지를 중심으로 유행한 영남지역 가야시대 주거지의 구들과는 시기 차이가 발생한다. 또한 5세기 낙동강 하류역에서는 온돌과 부뚜막의 확인 예가 많지 않은데, 수혈주거지가 급감하고 고상건물이 증가하는 것과 연관이 있다고 지적되었다.[7]

이후 6세기대가 넘어가면 석재로 만든 온돌이 등장하는데 창원 가음정동 2호 주거지, 3호 주거지, 창원 봉림동 유적, 김해 우계리 유적에서 확인되며, 고령 지산동 유적과 같이 돌과 점토를 혼합하여 만든 T자형 구들도 등장하게 된다.

T자형 구들은 삼국시대 말기에 등장하여 통일신라시대에 유행하는 것으로 알려져 있다. 영월 문산리나 춘천 우두동 유적의 예로 보아 고려 초기까지 계속 등장한다. 그러나 삼국시대 말기에 등장한 T자형 구들은 고려시대 들어서 사라지기 시작하고, 고려시대에 온구들이라는 형태로 바뀐다(송기호 2019a).

가야 주거지에서 확인되는 구들의 고래는 대부분 외고래이며, 부뚜막과 고래의 너비 차는 크지 않다. 이후 부뚜막과 고래로 연결되는 지점이 급격히 좁아지는 구조적 차이가 확인되는데, 이는 재래의 부뚜막 시설

---

7   공봉석, 「가야의 주거와 취락」, 『가야 고고학 개론』, 진인진, 2016.

에 구들이 도입된 양상을 반영하는 것이며,[8] 전통 한옥의 구들에서 보이는 불목과 유사한 구조로 보아 원활한 배연을 위한 것으로 보는 견해도 있다.[9]

구들이라는 난방시설은 추운 북쪽에서 개발되어 남쪽으로 전파되었다고 생각할 수 있는데, 영남권 전체의 분포를 본다면 경남 해안일대와 대구를 중심으로 한 경북 남부쪽에 몰려있고 경북 북부는 상대적인 공백지역으로 남아 있다. 따라서 경북 북부의 공백으로 볼 때 육로로의 전파가 아닌 남해안 지역에서 발전해 나갔다고 추정된다.

영남지역에서 가장 이른 시기에 등장한 유적은 사천 늑도 유적이다. 구들과 함께 낙랑 및 한식 유물이나 단결-크로우노프카 문화 관련 유물 등 대외 교류와 관련한 다양한 유물이 출토되었다. 늑도 유적의 구들은 삼각점토대 토기 단계에 등장하는데, 지금까지의 연구성과를 통해 그 기원에 대해서는 북옥저 기원설(단결-크로우노프카 문화), 고구려 기원설,

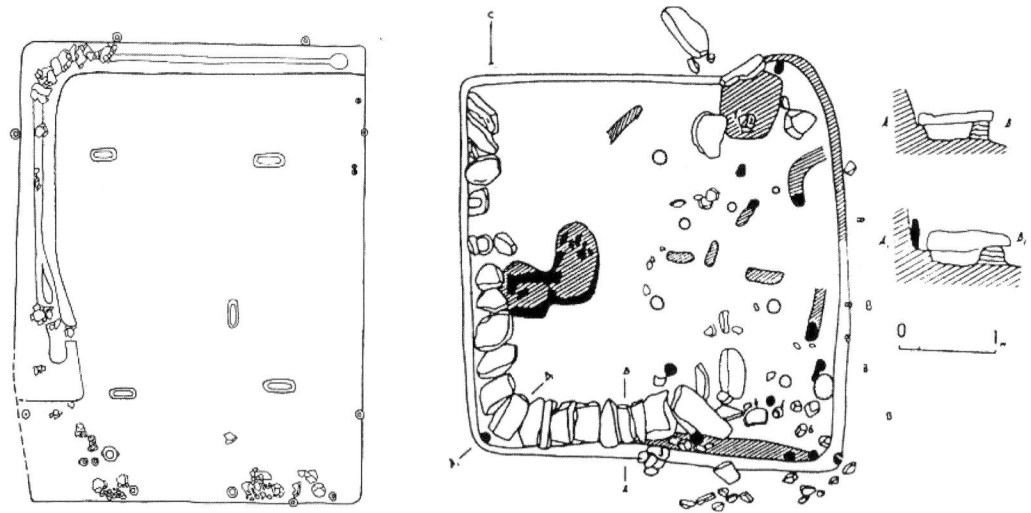

[그림 11] 동녕 단결유적 F1주거지(좌), 페트로프섬 2호 주거지(우)

....
8   송기호, 앞의 책 p198.
9   공봉석, 앞의 책 p100.

다원설 등 다양하게 알려졌다.

구들의 기원과 관련한 연구에 대해서는 송기호의 연구가 주목할 만하다. 초기철기시대 구들의 발흥부터 조선시대까지 전시대에 걸친 온돌의 변천사를 연구하였는데, 고대 남해안지역 구들의 기원을 북옥저라고 제시하였다(송기호 2006). 사천 늑도 유적과 단결-크로우노프카 문화의 석재와 점토를 사용한 구들의 평면과 단면 형태의 동일성, 단결-크로우노프카 계통 토기의 등장, 강원 영서 지역 구들의 공백, 경기도 지역과 다른 방향으로의 구들의 변천 등을 들어 해상 교류를 통해 남해안으로 전파되었다고 보았다(송기호 2006). 또한 늑도가 거점이 되어 이후 구들 문화가 진주 평거동, 사천 봉계리, 함양 화산리로 확산한 것으로 보았다.

이상의 구들과 관련한 연구내용을 통해 볼 때 늑도의 구들은 단결-크로우프카 문화와 많은 유사성이 확인된다. 다만 아직 북한 등지의 자료가 부족하여 이동의 동선이 함경도 남부 해안을 이용한 것인지, 다른 내륙 방면을 이용한 것인지는 앞으로 자료가 누적되어 밝혀져야 할 것이다.

IV. 맺음말

지금까지 가야의 수혈주거지에서 나타난 구들에 대해 살펴보았다. 가야 주거지에서 확인된 구들의 특징을 정리하는 것으로 맺음말을 대신하고자 한다.

가야 주거지의 구들은 동벽 또는 서벽에 부뚜막을 설치하였으며, 벽을 따라서 고래를 북쪽으로 진행하여 굴뚝을 설치하였다. 주로 원형주거지에 점토를 이용해 만들었는데, 가야 수혈 건물지의 구들은 4세기대에 주로 유행하였다. 이후 5세기 단계가 되면 숫자가 줄어드는데, 6세기대가 되면 석재를 이용한 구들이 등장하게 되고, 이는 T자형 구들로 발전하여 통일신라로 이어지게 된다.

구들은 가야의 주거 문화를 다른 지역과 비교할 수 있는 좋은 주제이지만, 가야 주거지의 구들을 설명함에 있어서 많은 자료를 확인하지 못했다. 향후 연구를 통해 이를 보완하도록 하겠으며, 앞으로 가야 주거지의 구들과 관련한 많은 자료가 추가되기를 기대한다.

참고문헌

강인욱 외, 『고고학으로 본 옥저문화』, 동북아역사재단, 2008.
공봉석, 「진주평거동유적II지구」, 『국가형성에대한고고학적접근』제31회한국고고학전국대회 韓國考古學會. 2007.
공봉석, 「경남 서부지역 삼구기대 수혈주거지의 구들 연구」, 『한국고고학보』66, 2008.
공봉석, 「경남 서부지역 삼국시대 주거와 취락」, 『영남지방 원삼국·삼국시대 주거와 취락』1, 영남고고학회, 2009.
경남발전연구원 역사문화센터, 『함양 화산리유적』, 2007. p269.
김왕직, 『알기 쉬운 한국건축 용어사전』, 동녘, 2007.
김나영, 「영남지방 원삼국시대의 주거와 취락」, 『영남지방 원삼국·삼국시대 주거와 취락』1, 영남고고학회, 2009.
김창억, 「영남 내륙지역 삼국시대 주거와 취락」, 『영남지방 원삼국·삼국시대 주거와 취락』1, 영남고고학회, 2009.
金賢, 「南海岸 쪽구들 住居址 登場에 대한 小考 - 勒島住居址를 중심으로 - 」, 『石軒鄭澄元敎授 停年退任記念論叢』, 2006.
李東熙, 「全南東部地域複合社會形成過程의考古學A的硏究」, 성균관대학교대학원박사학위논문, 2005.
박천수 외, 『가야 고고학 개론』, 진인진, 2016.
송기호, 『한국고대의온돌-북옥저·고구려·발해』, 서울대학교출판부, 2006.
송기호, 『한국 온돌의 역사』, 서울대학교출판문화원, 2019.
慶南考古學硏究所, 『泗川 鳳溪里 三國時代 集落』, 2002.
慶南文化財硏究院, 『晋州加佐洞遺蹟』, 2005.
慶南文化財硏究院, 『昌原 外洞 遺蹟』, 2005.
慶南文化財硏究院, 『진주 평거 3택지 개발사업지구(2지구) 진주 평거동 유적』I, 2010.
慶南發展硏究院歷史文化센터, 『咸陽 花山里 遺蹟』, 2007.
東亞大學校博物館, 『金海 府院洞 遺蹟』, 1981.

東亞大學校博物館,「蔚山 川上里 遺蹟」,『巨濟巨林里遺蹟』, 1997.
東亞大學校博物館,『晋州 內村里 遺蹟』, 2001.
東亞大學校博物館,『泗川 勒島 C』I, 2005.
釜山大學校博物館,『勒島住居址』, 1989.
釜山大學校博物館,『金海大淸遺蹟』, 2002.

「가야 건물지 구들의 분포와 성격」에 대한 토론문

김나영 울산대학교 박물관

본 발표문은 가야지역의 구들이 출토된 주요 유적의 사례를 소개하고 가야 구들의 분포와 특징에 대해서 검토하였습니다. 가야 건물지 구들의 기원과 관련하여 앞 시기 사천 늑도유적주거지의 구들을 검토하여 단결-크로우노프카 문화와의 유사성을 언급하였습니다. 그리고 가야 구들의 특징은 '동벽 또는 서벽에 부뚜막을 설치하고 벽을 따라서 고래를 북쪽으로 진행하여 굴뚝을 설치하였다. 주로 원형 주거지에 점토를 이용해 만들었는데, 4세기 대에 주로 유행하였다. 이후 5세기 단계가 되면 숫자가 줄어드는데, 6세기대가 되면 석재를 이용한 구들이 등장하게 되고, 이는 T자형 구들로 발전하여 통일신라로 이어지게 된다'라고 정리를 하였습니다.

토론자는 발표문을 읽고 궁금했던 사항과 의문점에 대해 몇 가지 질문을 드립니다.

1. 발표자께서는 가야 구들의 기원을 검토하는 과정에서 사천 늑도유적의 구들을 검토하였으며, 선행 연구의 견해(송기호, 2006)를 수용하여 단결-크로우노프카 문화와의 유사성을 언급하였습니다. 토론자도 영남지역 삼한시대 주거지를 연구하면서 늑도유적의 원형계 주거지 안에 설치된 구들의 계통과 기원을 밝히는 부분은 대단히 어려웠고, 단서를 찾고자 자료수집과 연구가 많이 필요하다는 생각을 하였습니다. 발표자께서

는 늑도유적 주거지의 기원을 단결-크로우노프카 문화와의 관련성에 더 무게를 두고 있는 것 같습니다. 어떠한 부분에서인지 좀 더 부연 설명을 부탁드립니다.

2. 영남지역의 사천 늑도유적, 대구 달성 평촌리유적, 울산 교동리유적 등의 주거지 사례로 미루어 볼 때, 삼한의 이른 시기에는 구들의 축조 재료가 석재(돌)였음을 알 수 있습니다. 이후 주거지내 연질토기와 전기 와질토기가 출토되는 단계의 주거지에서는 구들의 축조재료가 점토로 변화하는데, 이러한 양상은 삼한 후기에서 삼국시대까지 이어집니다. 물론, 석재와 점토를 혼용하여 축조된 사례도 있지만, 주이용 재료는 점토입니다. 이러한 점토 구들은 삼국 후기에서 통일신라에 이르면 다시 석재 구들로 변하게 됩니다. 이처럼 영남지역 내 삼한·삼국시대 구들의 축조재료가 석재 → 점토 → 석재로 변화한 요인이 무엇이었는지 궁금합니다. 특히 구들의 주재료가 석재였던 북쪽의 고구려 등 지역과 비교할 때 남쪽의 변·진한과 가야, 신라 등 지역에서는 구들의 축조재료가 점토의 이용이 높았던 것은 당시 주거문화를 이루었던 사람들의 선호도의 차이였는지, 기후와 지형의 차이였는지, 아니면 기술상의 문제였는지 등 발표자분의 견해를 듣고 싶습니다.

3. 가야의 주거지는 변한 시기부터 이어져온 평면 원형계에 수혈 벽가에 인접하여 구들이 설치된 주거문화가 5세기 대까지 이어지고 선호되지만, 4~5세기 대에 백제, 신라 등 주변지역의 주거문화에 영향을 받아 새로운 주거문화가 수용됩니다. 즉, 진주 가호동유적과 진주 평거동(3-1지구)유적 등에서는 마한·백제 주거문화의 영향을 받은 것으로 추정되는 부뚜막이 설치된 방형계 주거지가 확인되며, 금관가야권에 속했던 진해 용원유적, 창원 신방리유적, 기장 가동유적 등에서는 신라 주거문화의 영향을 받은 것으로 추정되는 구들이 설치된 방형계 주거지가 확인됩

니다. 특히 창원 신방리유적과 기장 가동유적의 방형계 주거지 안에 설치된 구들의 위치는 수혈 벽가에서 일정거리 이상 떨어져 벽체 안쪽으로 이동하게 되고, 평면 형태 또한 'ㄱ'자, 'ㄷ'자, 'ㅁ'자 등 구조적으로 다양해집니다. 가야 지역권에서도 주변지역들과 교류가 많았던 남해안지역과 타 주거문화권과 경계를 두고 있는 점이지대에 위치한 지역들에서 이러한 변화양상이 확인됩니다. 이처럼 가야의 구들은 전통적으로 이어져온 부분도 있지만, 주변지역과의 직·간접적인 교류와 삼국의 다양한 상호작용 속에서 영향을 받았을 것으로 보입니다. 이러한 부분에 대해 발표자께서는 어떻게 생각하시는지 견해를 듣고 싶습니다.

4. 발표자께서는 가야 지역의 구들이 확인된 주요 유적의 사례를 검토하면서 대상으로 한 고령 지산동유적은 평면 방형계에 출토유물의 양상 또한 6세기 대 신라토기의 비율이 높아 신라권역의 주거지로 생각됩니다. 6세기 대 창원 가음정동 2호주거지(동아세아), 산청 하촌리 ⅠA지구 21호 주거지 등에서 석재 구들이 등장한 사례로 미루어 볼 때, 이 지역들이 신라의 주거문화에 영향을 받은 것으로 보입니다. 가야 지역 내 석재 구들의 출현 및 변화양상을 통해 신라 주거문화와 관련을 지을 수 있는 것인지 발표자의 견해를 듣고 싶습니다.

6

가야의 주거 규모 변화와 가구 양상

공봉석 부경문물연구원

I. 머리말
II. 주거의 구조
　1. 권역별 주거 구조
　2. 주거 구조와 사회변화
III. 주거 규모 변화와 가구 양상
　1. 주거의 규모 변화
　2. 취락 양상
　3. 주거의 부속 시설
　4. 주거 규모 변화와 가구 양상
IV. 맺음말

I. 머리말

    2000년대 이후 대규모 삼국시대 취락 유적의 발굴조사가 급증하면서 주거와 취락에 관한 연구도 본격적으로 시작되었다. 진주 평거동 유적, 진주 내촌리 유적, 산청 하촌리 유적, 거창 송정리 유적 등을 통해 취락의 전체 모습을 가늠할 수 있게 되었고, 김해 봉황동 유적, 김해 관동리 유적, 함안 충의공원 조성부지 내 유적, 고성 동외동 유적 등이 발굴조사되면서 취락의 수준이나 기능을 짐작할 수 있었다.

    지금까지 가야의 주거 연구는 주거지의 구조를 통해 시기적인 변화나 지역적 특성을 파악하려는 연구가 주를 이루었으며, 더불어 구들과 같은 주요 내부시설에 관한 연구나 주거지 상부 형태에 관한 복원도 시도되고 있다. 이같이 주거와 취락 연구가 각 단위의 형식 분류에 지나치게 집중하는 경향이 강하였는데, 이제는 형식 분류를 넘어 취락 내 다양한 활동 공간의 분화나 취락 간의 상호 관계 연구, 인간 활동에 관한 설명 등으로 연구가 진전되어야 함을 강조하기도 하였다(權鶴洙 1994; 李盛周 2009).

    따라서 이 글에서는 선행 연구에서 많이 다룬 가야의 주거 구조와 변천양상, 지역적 특성 등에 관한 내용은 될 수 있으면 삼가고, 권역별·시기별 주거 방식의 변화 및 차이를 찾기 위해 노력하였다. 우선 가야 주거의 구조적 특성을 권역별로 정리하고, 주거 구조 변화를 당시 사회상과 관련하여 간략히 설명하였다. 이러한 기초자료를 바탕으로, 4~5세기 영남 서부 내륙 및 남해안 지역 주거지의 규모 변화에 주목하였다. 5세기가 되면 전반적으로 주거지의 규모가 축소되는데, 취락을 구성하는 유구의 변화나 분포양상, 그리고 주거의 부속 시설로 판단되는 수혈과 지상식 건물지 등을 검토하여, 주거 건물의 축소 배경과 의미를 파악하고자 하였다.

II. 주거의 구조

1. 권역별 주거 구조

영남지방은 대략 3세기 후반 무렵부터 낙동강을 경계로 영남 동부와 서부지역 등 광역 단위별로 주거의 구조가 분화되며, 가야의 주 무대라 할 수 있는 영남 서부지역은 낙동강 하류역과 서부 내륙·남해안 일대로 주거가 구별된다.

낙동강 하류역은 원삼국시대부터 이어져 온 원형계 주거지가 4세기 초엽까지 일부 관찰되지만, 대체로 3세기 후반경에 등장한 방형계 주거지가 4세기 후반까지 지속된다. 원형계 주거지는 주로 평면 타원형으로, 중심기둥 없이 벽기둥만 확인되는 경우가 많으며, 내부에는 점토 구들이 벽을 따라 주거지 둘레의 1/3~1/4가량 설치되어 있다. 김해 대청·부원동 유적, 창원 남산·가음정동 유적 등지에서 확인되며, 경남 서부 내륙 및 남해안 일대에서 4세기대 유행한 타원형 주거지와 같은 유형이다. 한편, 방형계 주거지는 벽기둥을 설치한 일부 사례를 제외하면 대부분 무질서한 기둥 배치를 보이는 예가 많으며, 벽체를 세우기 위한 기초 홈인 벽구(壁溝)가 확인되기도 한다. 노 시설은 주거지의 평면형에 따라 구조가 달라지는데, 방형 주거지에서는 구들보다 부뚜막을 선호하였으며, 구들을 설치할 경우 벽을 따라서 평면 ㄱ자형이 되도록 하였다.

이후 5세기에도 낙동강 하류역은 여전히 방형계 주거지가 주류를 이룬다. 창원 봉림리 B1-2호 주거지에서 부뚜막이 조사된 바 있지만, 구들과 부뚜막의 확인 사례가 많지 않아 이 시기 유행했던 노 시설의 형태를 정확히 알 수 없는 실정이다. 다만, 전 금관가야 궁허지, 김해 봉황동 유적, 김해 관동리 유적에서 출토된 이동식 토제 부뚜막을 고려하면, 구들이나 부뚜막을 이동식 부뚜막이 대신하였을 가능성도 염두에 둘 필요가 있다(權貴香 2010). 한편 5세기 후반경 평면 원형 주거지가 김해 봉황토성, 창원 반계동 유적, 창원 가음정동 유적에서 부분적으로 관찰되지만, 6세기 후반 창원 가음정동 유적 등지에서 다시 장방형 주거지가 나타나고 있어, 낙동강 하류역은 6세기까지 여전히 방형계 주거가 유행하였음을 알 수 있다.

다만, 6세기 전반경에 등장한 방형계 주거지는 소위 신라 계통의 주거지로, 주요 특징은 단연 구들의 구조를 들 수 있다. 구들은 모두 석재로 만들었는데, 김해 우계리 4호와 창원 봉림동 B2-4호 방형 주거지는 벽에 외줄 고래가 설치되고 그 중앙에 아궁이가 위치하며, 가음정동 삼국시대 2호(東亞細亞文化財硏究院 2009)는 동쪽 벽에 설치된 부뚜막에서 서쪽으로 설치한 고래 흔적이 남아있고, 아궁이 바닥에 석재를 횡으로 놓아 부넘기를 두었다. 그리고 창원 가음정동 3호 원형 주거지(昌原大學校博物館 2001)에서는 남동쪽에 ㄴ자 상의 두 줄 고래가 확인되는 등 다양한 형태가 확인된다.

한편 이 지역은 3세기 중반경 고 김해만이 최고 수위로 상승한 뒤 하강함(오건환 1994)에 따라 생활영역이 기존 구릉에서 저지대로 점차 확대되기 시작하였다. 저지대에 취락이 자리 잡으면서 고상 건물의 비율이 높아진다든지 취락에 특수 시설을 하는 등의 습지 환경을 극복하기 위한 여러 방법이 나타나고 있다. 관련하여 창원 신방리 유적과 김해 봉황대 유적(慶南發展硏究院 歷史文化센터 2005)에서는 주거역 주변에 목책열이나 석열을 배치하였으며, 고상 건물은 기둥 자리를 넓게 굴착한 후 두꺼운 판목, 또는 판목을 3중 정도 엇갈리게 깔아 마찰계수를 높여 지반의 침하를 방지하였다. 더불어 김해 봉황대 진입로 개설구간과 전 금관가야 궁허지, 5세기대 봉황토성 등 저지대에 입지한 수혈 주거지는 바닥에 두껍게 흙을 깔거나 나무못을 촘촘히 박아 습기와 지반 침하 등을 방지한 사례가 확인되기도 한다.

이처럼 낙동강 하류역에서는 4세기 초 저지대로 생활영역이 확대

[그림 1] 김해 봉황대 46호, 창원 신방리 1호, 김해 관동리 41·42호

  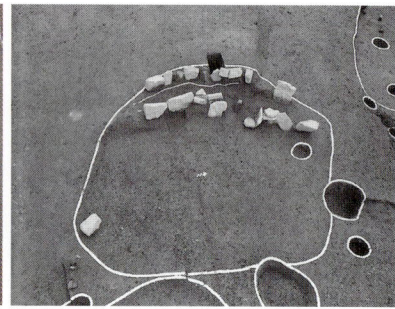

[그림 2] 진주 평거동 32호(4세기), 거창 송정리 233호(5세기), 고령 지산동 2호(6세기)

되면서 습지 환경에 적응하기 위해 지상식(地上式) 건물, 즉 고상 건물을 적극적으로 채용하였다. 여기에 조성한 고상 건물은 일반적으로 취락의 부속 시설인 창고나 망루 등도 있겠지만, 유적 내용을 고려하면 많은 수가 주거 건물로 사용되었을 가능성이 크다. 김해 관동리 유적·김해 여래리 유적·김해 아랫덕정 유적·창원 가음정동 유적 양상으로 보아 6세기까지 고상 건물을 주거 건물로 사용하였던 것으로 생각된다.

한편, 경남 서부 내륙 및 남해안 일대는 원삼국시대부터 줄곧 유행하였던 원형계 주거가 4세기 후엽까지 지속하는데, 원삼국시대 원형계 주거와 비교하면 삼국시대 주거는 구조 면에서 상당한 정형성을 갖추었다고 할 수 있다. 삼국시대 원형계 주거지는 평면 타원형이 많고, 기둥은 벽에 걸쳐 일정한 간격으로 세운 벽 주혈만 확인될 뿐 중심 주혈이 전혀 관찰되지 않는다. 구릉에 입지한 주거지는 벽기둥과 함께 벽구의 설치 비율이 높은 편이다. 구들은 벽을 따라 점토로 조성하되, 건물 둘레의 1/3

이상을 넘지 않는 것이 많다.

　4세기 후엽을 전후한 시기부터 타원형 주거는 더는 사용되지 않고, 방형계 주거가 등장하여 6세기대까지 이어진다. 단 4세기 후엽에는 타원형과 방형 주거의 과도기적인 형태인 말각 장방형 또는 장타원형 주거지가 진주 평거동 유적·산청 하촌리 유적·거창 송정리 유적 등지에서 관찰되는데, 이들 주거지에서는 타원형 주거에서 주로 보이는 벽주식의 주혈 배치와 구들이 확인된다. 이때 구들은 고래 길이가 짧은 것이 특징이다.

　한편, 4세기대 서부 내륙 및 남해안 지역은 진주 평거동 유적 정도를 제외하면 많은 수의 고상 건물지가 확인되는 사례가 드물며, 설령 고상 건물지가 확인되더라도 유구의 배치 상태와 고상 건물의 구조를 고려하면 낙동강 하류역과 달리 창고나 기타 취락의 부속 시설 등이 많은 편이다.

　5세기대로 접어들면, 일부 장방형 주거지와 함께 방형 주거지가 많이 확인된다. 방형 주거지는 진주 평거동 유적·산청 하촌리 유적에서와 같이 비교적 25㎡ 이하의 소형이 많고, 내부에 주혈이 잘 확인되지 않거나 무질서한 배치를 보이는 것이 많다. 노 시설은 짧은 연도를 둔 부뚜막도 있지만, 주로 부뚜막이 벽과 직교되게 설치하여 바로 배연되는 구조를 띤다. 지역에 따라 주거지의 네 모서리 쪽에 중심 주혈과 벽구가 설치되기도 한다.

　방형계 주거는 6세기 후반까지 이어지지만, 대략 6세기 전반 이후는 신라문화의 파급으로 신라에서 유행한 평면 방형의 석재 구들이 설치된 주거지가 나타난다. 다만 산청 하촌리 유적을 비롯한 영남 서부 내륙 일대에서는 백제계 토기도 관찰되고 있고, 전남 동부지역에서 백제계 주거지가 6세기 전반에 확인되고 있어(이동희 2012), 전남 동부지역과 인접한 경남 서부 내륙 및 남해안 주요 지역은 백제계 주거문화의 영향을 받았던 것으로 생각된다.

2. 주거 구조와 사회변화

기존의 삼국시대 분묘와 토기 연구의 성과를 고려하면 주거도 가야의 주요 정치체에 따라 일정한 구조 차이를 보일 가능성이 크지만, 현재로서는 김해를 중심으로 한 낙동강 하류역과 서부 내륙·남해안 일대 등 대략 2개 권역에서만 주거 구조가 차이를 보인다.

우선 낙동강 하류역은 기존에 없던 새로운 주거 유형이 변한에서 가야로 이행하는 시점에 등장한다. 주지하다시피 낙동강 하류역에서는 유리한 지리 환경과 철 생산 바탕의 중개무역으로 구야국(狗倻國)에 이어 금관가야(金官加耶)가 여전히 유력 집단으로 존재하였는데, 4세기 초 급변하는 정세 속에서 가야의 핵심 지역인 김해를 중심으로 새로운 방형 주거문화가 도입되었던 것으로 생각된다. 다만 금관가야 중심부의 주거지 자료가 소략하여 방형 주거의 원형(原形)을 비롯한 계통(系統)을 파악하기 위해서는 자료의 증가를 기대해야 할 것이다.

한편, 앞서 금관가야 권역에서는 일찍부터 다양한 형태의 주거 건물을 사용하였을 가능성에 대해 언급한 바 있다. 김해 봉황대 유적(가야인 생활체험촌 조성부지 유적)에서 확인된 고상 건물지는 봉황대 서편의 해반천 주변 저지대에 위치하여 당시 교역품을 보관하는 창고나 임시 주거 등으로 보기도 하며(전옥연 2013), 김해 퇴래리 유적·진해 자은 채석 유적·창원 신방리 저습 유적·김해 관동리 유적·김해 여래리 유적 등지에서 확인된 고상 건물지 역시 유적의 입지와 내용으로 보아 창고나 기타 주거 부속 시설보다 주거 건물의 비율이 높았던 것으로 추정된다(배덕환·김민수 2009). 다만 상기 유적이 대부분 교역이나 채석(採石), 분묘 조성, 제철(製鐵) 등과 같은 특수 기능 취락(유병록 2009)으로 상정되고 있어, 자칫 고상 건물을 이러한 집단에서만 주거용으로 사용했다고 볼 수 있을 것이다. 그러나 이 경우 취락의 기능적인 측면을 중시한 해석으로 생각된다. 관련하여 4세기대 취락은 기존 구릉뿐만 아니라 취락의 확대가 쉬운 구릉 말단부~곡부 저지, 충적지 등으로 입지의 다양화를 꾀하는데, 이는 당시 사회 환경과 생업 경제 방식의 변화, 인구 증가에 따른 생활 공간 부족(김창억 2013), 그리고 취락의 위계 등과 연계되어 나타나는 현상으로 이해할 수 있다. 이러한 입지 변화는 결국 취락의 규모가 대형화되는 현상으로 이어지는데, 4세기대 급증하는 대형 취락은 다수가 전업화된 생산 체제를 기반으로 성립·존속하였을 가능성이 크다(공봉석 2015). 이상과 같은 전반적인 취락의 경관 변화 속에서 자연스럽게 주거 형태의 다변화가 이루어졌던 것으로 판단된다.

요약하면, 이 지역은 원삼국시대부터 사용한 타원형 주거가 지속되는 가운데 3세기 후반경 방형계 주거가 등장하여 공존하고, 여기에 고상(高床) 건물을 주거 건물로 사용하는 등 같은 시기 다른 지역에 비해 주거 건물의 형태와 구조가 다양하였음을 알 수 있다. 낙동강 하류역에서 일찍부터 주거 건물의 다변화를 꾀하는 것과 별개로, 영남 서부지역은 1세기가량 늦은 4세기 후엽부터 점차 지상식 건물이 주거 건물로 사용되었던 것으로 보인다.

한편, 함안과 마산 진동 일원은 4세기대 낙동강 하류역과 서부 내륙·남해안 일대의 지리적 중간 지대에 속하여 양 권역의 주거가 혼재하고 있다. 현재로서는 사례가 많지 않아 예단하기 어렵지만, 마산 근곡리 유적이나 함안 오곡리 87번지 유적 등지에서는 낙동강 하류역에서 보이는 전형적인 형태가 아닌 장방형이나 장타원형의 평면형을 띠는 주거지가 높은 비율로 확인되고 있다. 함안의 아라가야는 삼한 단계부터 진동만을 통한 교역으로 번성하여 금관가야와 대등한 세력이었다는 점을 고려하면, 지리적으로 유리한 입지를 바탕으로 주변국과의 교역 속에서 자연스럽게 주변 지역의 주거문화를 수용하였을 가능성이 크다.

다음으로 영남 서부 내륙과 남해안 일대에서 4세기 후반까지 사용된 타원형 주거의 의미를 따져 볼 필요가 있다. 혹자는 변한의 원형계 주거가 4세기 후반까지 지속하는 것을 문화 지체 현상으로 이해하기도 하지만, 이는 당시의 주거 내부 사정을 제대로 파악하지 못한 데서 비롯한 것으로 생각된다.

4세기대 타원형 주거는 원삼국시대의 원형 주거를 기반으로 하고 있지만, 이전과 비교하면 구조적 측면에서 상당한 변화가 감지된다. 이를테면, 주거의 평면형은 주로 원삼국시대에 원형이던 것이, 삼국시대가 되면 대형과 소형이 원형, 중형이 타원형 등 주거 규모에 따라 평면형이 구분된다. 그리고 벽기둥과 벽면 처리 등 벽체 조성 방법이 정형을 갖추며, 주거 규모도 전반적으로 커진다(공봉석 2015). 특히 주거의 규모 변화는 취락 및 주거 방식과도 직·간접적으로 관련이 있으므로, 4세기대에 주거 규모가 커지는 현상은 이전 단계와 비교하면 취락 구조나 주거 방식이 현저하게 달라졌음을 의미한다(공봉석 2013). 그리고 구들은 이미 사천 늑도 유적에서 확인된 이후 원삼국시대에도 줄곧 사용되지만, 삼국시대가 되어서야 주거에 보편적으로 확인된다. 따라서 4세기대 타원형 주거는 구조적 특성과 취락의 변화상을 고려할 때 단순히 원삼국시대의 주거가 계속 이어진다기보다 변한의 주거문화를 계승하고 발전시켜 원형계 주거가 구조적·기술적으로 완성되었다고 보는 것이 적절한 것으로 생각된다.

한편, 4세기 후반 무렵 서부 내륙 및 남해안 일대는 방형계 주거가 새롭게 등장하여 5세기대에 본격적으로 사용된다. 방형 주거는 지역과 시기에 따라 다소 차이가 있겠지만, 대체로 낙동강 하류역의 방형 주거문화의 영향을 받았을 것으로 생각된다. 낙동강 하류역에서 함안과 마산 진동 일대까지 퍼져나간 방형 주거가 4세기 후반부터 점차 서쪽으로 확산하였을 가능성이 크다. 하구나 해안 주변에 입지하여 대외교역을 통해 정치적으로 번성한 구야국에서 새로운 주거 문화가 수용되고 그것이 함안 일대까지 확산되고, 이후 5세기대에 본격적으로 서부 내륙과 남해안 일대로 퍼졌던 것으로 판단된다(정우현 2012). 물론 경남 산청이나 함양 등지와 같이 전남지역과 인접한 교통 결절지에서는 마한계통의 방형 주거지가 관찰되기도 한다.

이상과 같이 주거 구조의 변화는 정치체의 변화나 지리적 위치·성격에 따른 주거문화의 수용 등과 같은 거시적 차원의 사회변동과 연결 지을 수 있는 수준이다. 장기간 걸쳐 자연스럽게 형성된 주거 양식의 특성으로 볼 때, 일반 주거에서 나타나는 주거의 구조 차이가 직접적인 사회의 변화상 나아가 정치체의 동향을 반영할 가능성이 작아 보인다. 즉 사회변화와 주거 변화 양상이 반드시 일대일의 대응 관계로 파악하기 어렵다는 것이다. 따라서 권역별 사회 구조 차이는 주거 구조보다 주거 방식이나 취락의 관계 속에서 더욱 현저하게 날 것으로 생각된다(공봉석 2015). 이를테면, 4세기 후반에서 5세기 전반은 금관가야가 쇠퇴하고 가야의 세력이 재편되는 시기이며, 이후 5세기 중반은 대가야가 유력 세력으로 급부상하고 서부 내륙과 남해안 일대에 분포한 가야 제국(諸國)이 번성하는 때다. 이러한 사회변동에 따라 주거의 구조적 변화가 어느 정도 관찰되지만, 주요 사건에 따라 주거 구조 변화가 연동하지 않을 뿐만 아니라, 설령 그러한 변화가 나타나더라도 이를 통해 사회상을 설명하기 힘든 실정이다. 결론적으로 주거의 구조 변화를 바탕으로 주거 방식과 취락 양상을 통해서 당시 지역 연구나 사회변동을 설명해야 할 것이다.

III. 주거 규모 변화와 가구 양상

가구(家口)[1]가 수행하는 활동은 동거(同居), 가사(家事), 가족관계, 생

---

[1] 일반적으로 가구(家口)는 동거하는 가내집단(家內集團)을 말하며(金範哲 2013), 어느 정도는 가사(家事)를 함께하고 의사결정에 동참하기도 한다(Blanton 1994). 편한 우리말로 식구(食口)라고도 하는데, 식구는 구성원의 수를 지칭하는 경우가 많고 전문 용어로는 가구 혹은 세대(世帶)라고 한다. 다만 가구와 세대가 같은 의미로 쓰이지만, 용례를 볼 때 세대가 혈연관계 쪽으로 기울어진 뉘앙스가 있다(李盛周 2009).

산, 분배·소비, (사회적·생물학적) 재생산, (재산·지위, 혹은 정보의) 계승 등으로, 이는 많은 사회에서 가구라는 실체를 특징짓는 공통적인 기능이나 활동들로 자주 언급되어온 것이다(金範哲 2102 재인용-). 다음에서는 가야의 가구 양상을 파악하기 위해 4세기 후반 무렵 서부 내륙 및 남해안 일대 주거지에서 보이는 규모 변화에 주목하였는데, 주거 규모의 변화가 의미하는 바를 가구 활동에서 찾아보았다.

1. 주거의 규모 변화

가야 주거의 규모 변화에 대해서는 이미 별도의 논고에서 다룬 바 있는데(공봉석 2013), 4세기 후반 무렵 서부 내륙과 남해안 일대를 중심으로 주거의 평면형 변화와 함께 주거 규모가 축소되는 경향을 보인다. 특히 장기간 존속하여 타원형과 방형 주거지가 함께 확인되며, 취락의 기능이나 수준이 특별히 달라지지 않은 유적에서 그러한 양상을 쉽게 관찰할 수 있어 주목된다.

다음에서는 진주 평거동 유적 1·2지구, 함양 화산리 유적, 산청 하촌리 유적, 거창 송정리 유적에서 확인된 4~5세기대 주거지 가운데 면적 산출이 가능한 완형의 타원형 주거지 190기·방형 주거지 231기를 대상으로 히스토그램을 작성하였다.

타원형 주거지는 히스토그램의 우측에 분포하는 면적 51㎡ 이상의 얕은 봉우리 2개를 제외하면, 좌측으로 높은 봉우리 1개가 형성되어 있다. 대부분의 주거지는 이 높은 봉우리의 면적 13~33㎡ 사이에 분포하는데, 계급값 25㎡를 기준으로 좌우가 대체로 대칭에 가까운 안정적인 분포양상을 보인다. 다만 좌측의 계급값 13㎡를 지나면서 빈도수가 급격히 낮아진다.

한편, 방형 주거지는 대형(계급값 57~65㎡)과 초대형(계급값 101㎡)으

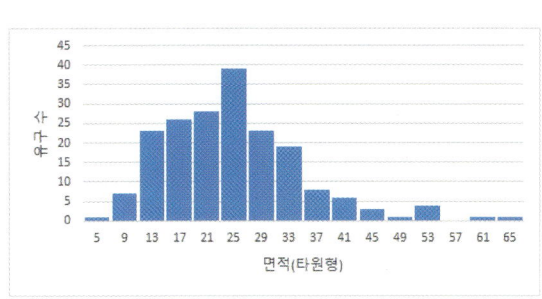 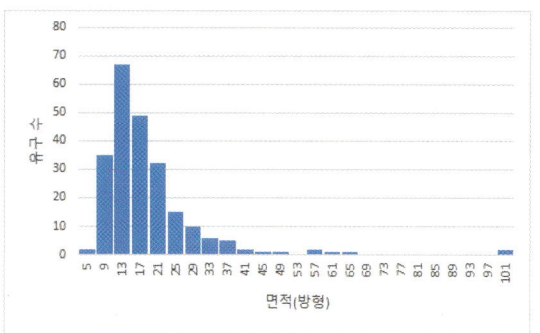

[그림 3] 타원형(左)과 방형(右) 주거지 면적 비교(타원형 190기, 방형 231기)

로 분류할 수 있는 얕은 봉우리가 히스토그램 우측으로 떨어져 그룹을 형성하고 있는 것을 제외하면, 전반적으로 데이터가 좌측으로 심하게 치우친 분포형을 보인다. 이 그룹의 경우, 가장 높은 봉우리를 형성하고 있는 계급값 $13m^2$를 기준으로, 좌측의 계급값 $9m^2$·우측의 계급값 $21m^2$를 지나면서 급경사를 이루는 특징을 보인다. 그리고 방형 주거지는 대형과 소형 주거지 그룹 간의 이격 거리를 고려하면 상호 규모 차이가 타원형 주거지에 비해 현저함을 알 수 있다.

요약하자면, 타원형과 방형 주거지가 각각 계급값 $25m^2$·$13m^2$의 가장 높은 봉우리를 중심으로 타원형이 $13~33m^2$, 방형이 $9~21m^2$ 구간에서 높은 빈도수를 나타내는 분포 형태를 통해 4세기대 타원형 주거지가 5세기대 방형보다 전반적으로 규모가 크다는 것을 쉽게 알 수 있다. 즉 타원형에서 방형 주거지로 대체되면서 주거지 규모가 축소되었다는 것인데, 검토 대상 취락의 수준이나 주거지의 수를 고려하면 주거의 규모 변화는 특정 집단의 차이가 아닌 당시 일반적인 주거 양상으로 봐도 무방할 것으로 판단된다. 산술적 계산이기는 하지만, 타원형 주거지가 평균 $23m^2$·방형 주거지가 평균 $16.9m^2$이므로 주거지의 축소 면적 평균은 $6.1m^2$이다.

통상 주거의 규모는 주거 구성원의 수, 거주자의 신분 및 지위, 건물의 용도 등을 반영한다고 알려져 있다. 이 가운데 주거 구성원의 변화는 주거 규모 변화를 설명할 수 있는 가장 손쉬운 방법일 것이다. 그러나 청동기시대 전기에서 중기로 전이될 때와 같이 주거 규모가 극적으로 축소되는 현상이 삼국시대 주거에서는 나타나지 않고, 노 시설의 수, 출토유물의 양이나 구성 등의 큰 변화도 일관성 있게 확인되지 않기 때문에 4세기 후반경 주거 면적이 축소되는 현상을 주거 구성원의 변화로 직접적으로 연결 짓기 어려운 실정이다. 따라서 5세기에 접어들면서 갑자기 개별 주거의 구성원이 줄어들거나 구성원의 신분이 낮아지지 않았다면, 주거 규모 변화의 이유는 주거의 안과 밖, 넓게는 취락에서 일어나는 인간의 행위 속에서 찾아야 할 것이다.

2. 취락 양상

주거 규모 변화와 관련한 가구 행위를 유추하기 위해 4세기와 5세기대 경남 서부 내륙 및 남해안 일대 취락의 구성 유구와 배치 상태 등을 검토하였다. 앞서 주거지 규모 변화 파악을 위해 검토한 취락을 포함해서 이 지역 주요 취락을 살펴보면 다음과 같다.

진주 평거동 유적은 4세기부터 5세기까지 농경이라는 같은 기능을 수행했던 취락이다. 4세기대 취락(2지구)은 타원형 주거지 137기·고

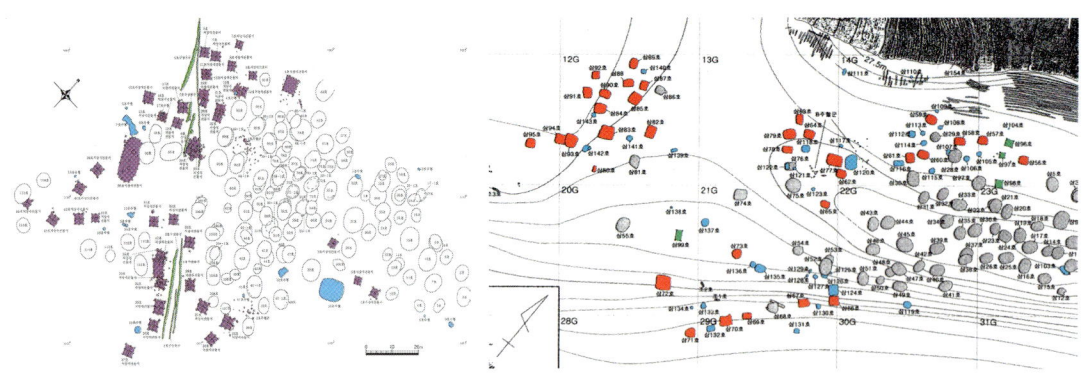

[그림 4] 진주 평거동 2지구 유적(4세기대)
(○ 주거지, ● 고상 건물지, ● 수혈)

[그림 5] 진주 평거동 1지구 유적(5세기대)
(● 주거지, ● 고상 건물지, ● 수혈)

상 건물지 45기·대형 건물지 1기·수혈 16기·경작지·도로 유구 등으로 구성되어 있는데, 취락을 남-북으로 가로지르는 도로를 경계로 서편의 고상 건물지군으로 구성된 창고역과 동편의 주거역으로 구분된다. 수혈은 16기에 불과한데, 형태나 규모 면에서 특별한 정형을 파악하기 힘들고, 주거지와 고상 건물지 등과 중복관계도 보여, 개별 주거지에 딸린 것이 매우 한정적이었음을 알 수 있다. 고상 건물지 역시 주거지 주변에 배치된 3~4기 정도를 제외한 나머지는 취락의 서편 별도 공간에 무리를 이루고 있어 취락 단위에서 공동으로 관리하였던 것으로 볼 수 있다.

한편 평거동 5세기 취락(1지구)에서는 방형 주거지 34기와 고상 건물지 4기, 수혈 58기 등이 확인되었다. 취락을 구성하는 유구의 종류는 4세기대 취락과 같으나, 개별 유구의 비율과 취락 내 유구의 배치 상태 등은 이전과 많은 차이를 보인다. 방형 주거지는 대체로 타원형 주거지의 서편에 3개 또는 4개 정도로 무리를 이루고 있으며, 수혈의 경우, 주거지 수(34기) 대비 상당히 많은 수(58기)가 확인되었다. 고상 건물지와 수혈은 유물이 거의 출토되지 않아 시기를 특정하기 어렵지만, 주거지와 중복되지 않고 방형 주거지 주위에 배치되어 있어 타원형보다 방형 주거지와 관련이 있을 것으로 판단된다.

이상의 취락 상황을 정리하면, 진주 평거동 4세기대 취락은 개별가구에 딸린 기타 유구가 거의 확인되지 않아 대부분 주거 건물 단독으로 주거를 영위하였던 것으로 볼 수 있다. 다만, 주거지의 배치 및 중복 상태로 볼 때 주거군(住居群)을 형성하였을 가능성이 크다. 반면 5세기대가 되면 취락에서 수혈이 증가하게 되는데, 수혈의 용도는 명확히 알 수 없으나 주거지 주변에 배치하여 해당 가구의 부속 시설로 활용되었을 가능성이 크다.

이러한 현상을 비단 진주 평거동 유적뿐만 아니라 서부 내륙 및 남해안 일대에 분포한 4·5세기대 취락에서 두루 관찰되고 있다. 〈그림 6〉은 4세기대 진주 가좌동 유적과 함양 화산리 유적의 유구 배치도이다. 가

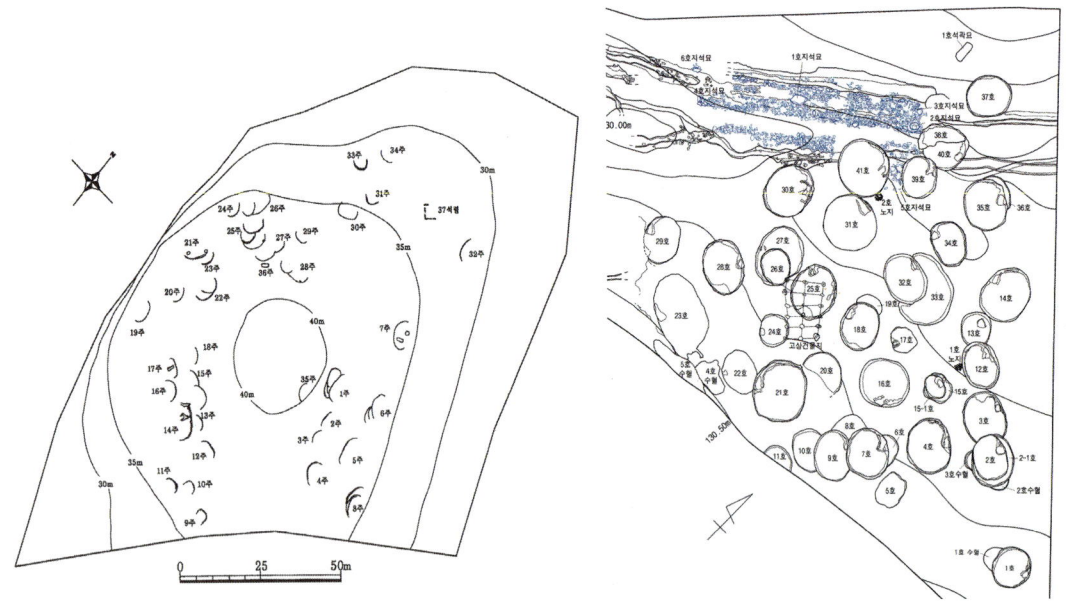

[그림 6] 진주 가좌동(左)·함양 화산리(右) 유적(4세기대)

좌동 유적에서 확인된 유구는 주거지 47기와 수혈 1기로, 주거지는 구릉 정상부를 공지로 남겨두고 사면에 배치되어 있다. 특히 2~3기씩 중복된 각각의 주거지군 사이에 일정한 공간이 확인되는 현상은, 주거지가 의식적으로 중복이 이루어졌을 가능성을 시사하는 동시에(공봉석 2011), 3~5기씩 무리를 이루고 있었음을 알려준다. 주거지 외 기타 유구는 수혈 1기에 불과한데, 유적의 범위와 유구 분포양상, 발굴조사 면적 등으로 미루어 볼 때 조사지역 외곽에서 관련 유구가 분포할 가능성이 작아 보인다. 그리고 화산리 유적에서는 주거지 43기, 수혈 5기, 고상 건물지 1기, 석곽묘 1기가 확인되었다. 취락 일부만 발굴 조사되었지만, 확인된 주거지를 수를 고려하면 주거지 주변에 분포하는 수혈과 지상식 건물지의 수가 적은 것을 알 수 있다. 이상과 같이 진주 가좌동 유적과 함양 화산리 유적은 4세기대 진주 평거동 취락과 같이 주거지 위주의 단순한 유구 구성을 보인다.

한편 거창 송정리 유적은 4세기부터 5세기에 걸쳐 존속하였는데, 5

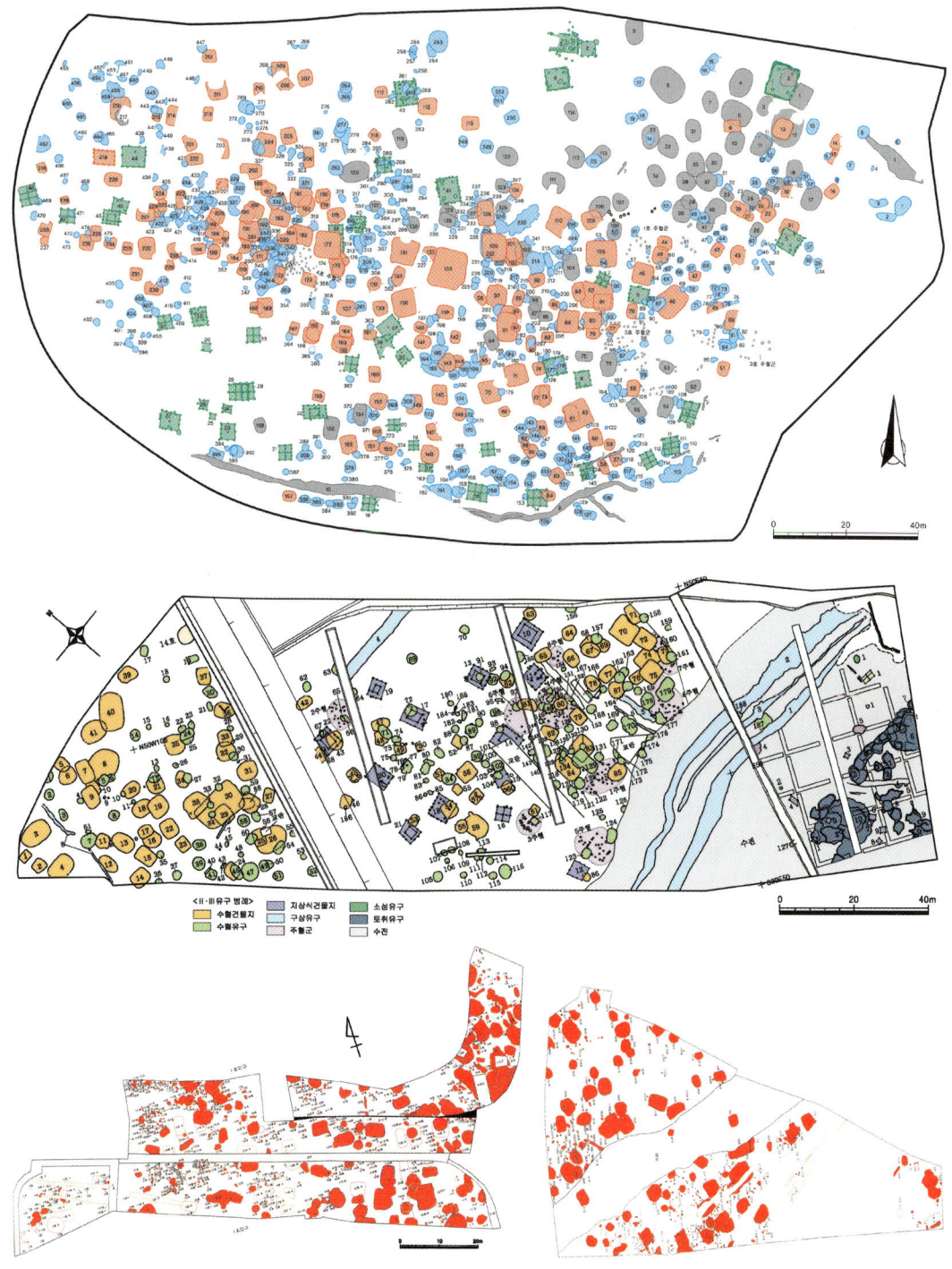

[그림 7] 거창 송정리(上)·산청 하촌리(下) 유적(5세기대)

세기에 접어들면서 취락을 구성하는 유구가 폭발적으로 증가하여 취락의 규모가 대폭 커진다. 5세기에 조성된 유구는 주거지 143기, 지상식 건물지 53기, 수혈 484기, 구 10기, 주혈군 4개소 등으로, 주거지 주변으로 지상식 건물지와 수혈이 매우 복잡하게 분포하고 있다. 그리고 산청 하촌리 유적 역시 거창 송정리 유적과 유사한 취락 양상을 띠는데, 확인된 유구는 주거지 138기·고상 건물지 28기를 비롯하여 수혈 624기·구상유구 11기·소성유구 3기·매납유구 1기·토취 수혈 10기·주혈 400개 등이다. 이들 유적에서는 주거지를 제외한 기타 유구의 비율이 매우 높은 것을 알 수 있는데, 그 가운데 수혈의 증가 현상이 두드러진다. 더불어 고상 건물지도 일정한 형태가 파악되지 않는 많은 수의 주혈을 고려하면 현저하게 늘어날 것으로 예상된다. 따라서 거창 송정리 유적과 산청 하촌리 유적에서 확인되는 많은 수의 수혈과 지상식 건물지는, 주로 개별 주거지의 부속 시설로 사용되었을 가능성이 큰 것으로 생각된다. 이상 거창 송정리 유적과 산청 하촌리 유적은 앞서 다룬 진주 평거동 1지구와 비교하면, 같은 5세기대 유적이지만 수혈과 지상식 건물지가 비교되지 않을 정도로 많이 확인되고 있어 취락의 기능이나 수준이 달랐음을 짐작할 수 있다.

요컨대 4세기대 취락은 일부 특수한 기능을 수행한 취락을 제외하면 주거 건물 위주의 단조로운 유구 구성을 보인다. 이에 개별가구는 주거 건물 단독으로 주거를 영위하였거나, 주거군을 형성하였을 것으로 생각된다. 한편, 5세기대 취락에서는 유적에 따라 다소 차이는 있지만, 수혈과 지상식 건물지가 급증하는 현상이 여러 유적에서 관찰된다. 특히 주거지 주변에 수혈이나 지상식 건물지가 공간적으로 결집되어 있어 유의미한 무리를 이루었을 것으로 보이는 배치 상태가 종종 관찰되고 있다. 진주 평거동 1지구에서는 수혈 1~3기 정도가 배치되어 있다면, 거창 송정리 유적이나 산청 하촌리 유적은 많은 수의 수혈과 지상식 건물지가 취락 내 무질서하게 분포하고 있어 개별 주거지에 딸린 기타 유구를 특정하기가 어려운 실정이다. 다만 산술적으로 계산하면 거창 송정리 유적이 주거지 1기당 수혈 3기 이상, 산청 하촌리 유적이 주거지 1기당 수혈 4기 이상을 배치하였다.

3. 주거의 부속 시설

4세기에서 5세기로 전이되는 과정에 취락에서 나타나는 가장 눈에 띄는 현상이 취락을 구성하는 유구의 비율 변화이다. 주거지 대비 기타 유구, 즉 지상식 건물지와 수혈이 급증하는데, 이들 유구는 주거를 영위하기 위해 여러 용도로 활용되었을 주거 부속 시설로 판단된다. 그렇다면 어떠한 가구 활동과 관련해 수혈과 지상식 건물지를 조성하였는지 따져볼 필요가 있다.

먼저 수혈은 시대와 지역을 불문하고 대부분 유적에서 확인된다. 특히 취락 유적에서 높은 비율을 차지하는 경우가 많아 취락과 주거의 성격이나 기능 등을 파악하는 데 기초자료가 될 수 있다. 일반적으로 수혈은 주변 유구와 관계, 규모, 내부 및 바닥 시설, 토층 퇴적 양상, 출토유물 등을 통해 공방·저장시설·의례 관련 시설·토취장·폐기장 등으로 추정하고 있다(金成泰 2003).

거창 송정리 유적에서 5세기대 취락과 함께 조사된 수혈은 475기이다. 이 가운데 평면 원형이나 방형으로, 벽이 수직에 가깝게 굴착되고, 바닥이 편평하며, 완형에 가까운 유물이 출토되어 저장혈로 판단되는 유구가 18기 정도이다. 규모는 길이 200~350cm, 깊이 20cm 이상이 가장 많이 확인된다. 그리고 유물은 출토되지 않았지만, 상기한 저장혈과 유사한 구조를 띠는 수혈까지 포함하면, 대략 237기가 저장혈로 추정된다. 저장혈은 전체 수혈 대비 50%를 차지한다. 저장혈 외에도 토취장과 폐기장 등으로 추정되는 수혈이 일부 확인되며, 나머지는 용도를 파악하기 힘든 상태였다.

산청 하촌리 유적에서는 주거지와 지상식 건물지 외에 수혈 624기, 소성유구 3기, 매납유구 1기, 토취 수혈 10기가 확인되었다. 수혈은 단면 형태가 호형·통형·복주머니형·2단 굴광형 등으로, 보고자는 많은 수가 저장용으로 사용되었고 일부 제의용으로도 추정하고 있다.

진주 중천리 유적의 경우, 주거지 11기·지상식 건물지 14기 외에 수혈 19기, 제사유구 5기, 소성유구 3기, 우물, 도로, 구, 주혈 1,000여 개 등 다양한 유구가 유적 전체에 걸쳐 매우 복잡한 분포양상을 보인다. 주거지는 조사구역의 동쪽과 서쪽에 집중되어 있고, 그 사이 중앙부에는 지상식 건물지와 수혈, 소성유구, 도로유구가 있다. 그리고 남북으로 형성된 구하도를 따라 열상으로 소와 말뼈가 매납된 제사유구가 분포하고 있으며, 특히 Ⅱ-10호 수혈 내에서는 적갈색 경질 소성의 인두형 토제품이 출토되었는데, 제사 또는 이와 관련된 물품을 저장하는 공간으로 추정하고 있다.

함양 우명리 유적에서는 주거지 11기와 수혈 10기 조사되었다. 수혈은 내부에 소토와 점토 등이 퇴적되어 있고, 바닥은 편평하며 일부 바닥 시설의 흔적도 확인되었다. 그리고 출토유물은 주거지 출토품과 비교할 때 기종 및 구성면에서 대차가 없고, 비교적 많은 양이 확인되는 것으로 보아, 수혈의 용도는 작업장, 또는 저장고 등으로 판단된다.

한편, 지상식 건물지는 삼국시대 전 시기에 걸쳐 주로 창고로 활용하였으며, 5세기 이후부터 주거용으로도 많이 사용되었던 것으로 판단된다. 서부 내륙 및 남해안 지역 4세기대 지상식 건물지는 구조가 정면 2칸·측면 2칸이 높은 비율을 차지하며, 구조가 다르더라도 규모는 정면 2칸·측면 2칸에 따르는 예가 많은 등 구조와 규모가 대체로 일정하다. 다만 이 시기 주거지 주변에 배치된 지상식 건물지의 확인 사례가 많지 않은 점은, 지상식 건물지가 일반 주거에 보편적으로 설치되는 시설이 아니었음을 시사한다. 더불어 진주 평거동 유적(2지구)과 같이 주거 지역과 대응하는 장소에 대규모 고상 창고군(지상식 건물지군)을 배치한 사례 역시

이 지역에서 쉽게 찾아보기 힘들다. 여하튼 서부 내륙 및 남해안 일대의 4세기대 지상식 건물지는 소유 및 관리 주체가 개별가구·주거군·취락으로 다르더라도 취락 내 주거역과 별도의 공간에 무리를 이루거나 개별 주거에 딸려 있는 등 대부분 고상 창고로 사용되었을 가능성이 크다.

그러다 5세기가 되면, 취락에서 수혈 주거지와 지상식 건물지가 혼재하는 경우가 많으며, 더러 단일 취락에서 수혈 주거지보다 지상식 건물지의 비율이 높게 확인되기도 한다. 이는 수혈 주거지와 함께 지상식 건물지도 주거용으로 사용되었음을 시사한다. 실제 창원 봉림동 유적·진주 중천리 유적·진주 무촌리 유적에서는 지상식 건물지의 비율이 수혈 주거지와 비슷하거나 높게 확인되고, 구조도 1칸×1칸·2칸×1칸·3칸×2칸 등으로 다양하다. 그리고 산청 하촌리 유적에서는 기존에 볼 수 없었던, 내·외진주로 구성된 지상식 건물지가 확인되기도 한다. 그런데도 진주 중천리 유적, 산청 하촌리 유적, 거창 송정리 유적 등지에서 확인된 무질서하게 배치된 많은 주혈을 고려하면 지상식 건물지 역시 폭발적으로 증가하였음을 알 수 있는데, 지상식 건물지는 취락의 성격이나 규모에 따라 차이가 있겠지만 이 시기 주거 건물로 사용되는 것과 별개로 고상 창고로도 여전히 많이 사용되었음을 짐작할 수 있다.

4. 주거 규모 변화와 가구 양상

경남 서부 내륙 및 남해안 일대는 4세기에서 5세기로 넘어가면서 주거 규모가 축소되는데, 이때 취락에서는 주거 부속 유구라 할 수 있는 지상식 건물지와 수혈유구 등이 증가하게 된다. 즉 4세기에는 취락에 주거 건물 단독으로 배치되거나 주거 건물끼리 무리를 이루었다면, 5세기의 방형 주거는 주거군을 이루면서 건물 주변에 수혈과 지상식 건물이 딸린 사례가 많이 확인된다. 시기를 불문하고 이때의 주거군은 그 자체를 개별가구로 볼 수 없고, 개별 주거를 개별가구로 보는 것이 타당할 것으로 생각된다. 그리고 수혈은 저장, 작업, 의례 등의 용도로 사용되었는데, 취락의 규모나 성격에 따라 다소 차이는 있지만 대부분 저장창고로 사용한 예가 높은 비율을 차지한다. 여기에는 5세기에 지상식 건물지가 주거용으로 늘어난 것도 한몫했을 것으로 생각된다.

이처럼 4세기대 취락은 주거 단독 혹은 주거군을 형성하여 가구를 영위하였다면, 5세기대는 개별 주거와 부속 유구들의 복합이라고 할 수 있는 가구복합(家口複合)[2]이 주거의 기본을 이루었음을 알 수 있다. 즉 4세기에 상위 수준의 일부 가구를 제외한 대부분 가구는 주거 건물을 중심으로 주거 활동을 하였다면, 5세기가 되면 주거 건물 자체의 규모는 축소되지만 주거 건물과 그 주변의 부속 시설까지 주거의 직접적인 공간적 범위가 된다. 결과적으로 주거 공간은 더욱 늘어난 셈이다.

가구 행위의 공간적인 구성에 초점을 맞추어 설명하면 다음과 같다. 4세기의 저장을 비롯한 도구 제작·의례 등 주거 내 주요 가구 활동이 5세기에 주거의 외부 공간으로 옮겨지면서 주거 건물이 축소되는 계기가 되었고, 외부로 이동한 가구 활동과 관련하여 수혈과 지상식 건물지가 조성되면서 주거의 공간적 범위가 확대되는 결과를 낳았다. 이는 4세기대 주거 내부의 가구 활동이 5세기대 취락에서 주거의 부속 유구로 표출되었다고 볼 수 있다. 부속 유구는 저장혈이 가장 높은 비중을 차지하고 있고, 공방이나 의례 공간, 토취장 등도 확인되고 있다. 사회의 다양성이 유구의 다양성을 통해 반영된다면 5세기로 진입하면서 더욱 복잡한 주거의 기능분화를 취락에서 확인할 수 있다. 요컨대 5세기대 일반 취락에서는 주거의 소형화로 말미암아 다양한 유구가 취락 내에서 매우 유기적인 관계를 맺으며 분포하며, 주거의 소형화는 더욱 체계화되고 세분된 주거 활

2　가구복합(家口複合, household-clustering)은 하나의 주거와 주거의 가사, 생산, 소비 등의 활동과 관련된 일종의 부속 유구들의 복합으로, 반드시 가구보다 상위의 수준이라고 말할 수 없다 (李盛周 2009 재인용).

동, 나아가 가구 양상을 읽을 수 있는 주요한 지표로 볼 수 있다.

한편, 5세기대 주거 공간의 확대는 주로 저장공간의 확대로 이어지는 경우가 많았다고 앞에서 수차 밝힌 바 있다. 즉 주거의 부속 유구인 수혈과 지상식 건물지가 저장혈과 고상 창고 등으로 가장 많이 쓰였다는 것이다. 진주 평거동 1지구와 함양 우명리 유적 등과 같이 주거지와 수혈·지상식 건물지의 비율이 비슷하거나 수혈·지상식 건물지가 약간 높게 확인되는 경우 이러한 해석이 크게 문제되지 않을 것이다. 그러나 거창 송정리 유적·산청 하촌리 유적·진주 중천리 유적처럼 주거지와 수혈·지상식 건물지의 비율이 크게 차이 나는 유적은 가구 행위 가운데 저장만으로 취락에서 폭발적으로 증가하는 기타 유구를 설명하는 데 다소 무리가 있다.

물론 상기 취락은 가구에서 주거의 부속 시설을 3~4기 이상 소유하였을 가능성도 전혀 배제하기 힘든 것이, 부속 시설이 모두 저장과 관계된 것이 아닐 뿐만 아니라 4세기에 비하면 전반적인 주거 규모가 작아졌다고 할지라도 주거의 대·소형 규모 차이가 현저하며, 가구의 빈부 불균형이 4세기보다 심하였을 것으로 생각된다. 이에 주거에 따라 부속 시설의 여부나 수량 등이 달라지고 여기에 연동하여 주거의 공간적 범위도 달랐을 가능성이 크다. 반면, 5세기대 대규모 취락에서의 수혈과 지상식 건물지를 개별가구가 아닌 취락의 기능과 관련하여 공동 관리하였던 저장시설일 가능성도 전혀 배제하기 힘들다. 대규모 취락에서 복잡한 유구 중첩 양상과 상기 시설의 출토유물이 소략하여 동시기에 존재한 유구를 판정하기가 어렵지만, 취락 내 창고의 집중은 다량의 저장물이 집결되는 것을 의미하므로 취락의 위계와 함께 기능과도 관련성을 예상해 볼 수 있다. 즉 대규모로 전문화된 생산 체계를 갖춘 취락에서는 생산물의 저장과 분배 등을 위한 별도의 저장역을 두었을 가능성이 큰 것으로 생각된다. 그리고 5세기대 취락에서는 지상식 건물지가 주거용으로도 많이 사용되면서 기존 고상 창고의 기능을 저장혈(수혈유구)이 대신하였을 가능성도 있다.

결과적으로 영남 서부지역 주거는 주거와 취락의 양상 속에 나타나는 가구 활동의 비교를 통해 4세기와 5세기 주거의 수준차가 명확히 드러나며, 이러한 측면에서 이 지역 주거문화의 지체 현상을 논의해야 할 것으로 생각된다.

이상 주거 규모 변화에 수반되는 주거와 취락의 변화를 통해 당시 가구 양상을 살펴보았다. 상기한 제 변화는 모두 경남 서부 내륙 및 남해안 일대를 중심으로 관찰되는 현상이다. 이에 반해 낙동강 하류역은 변한에서 가야로 이행하는 시기에 기존에 없던 새로운 주거 유형(방형계 주거)이 등장하며, 이때 서부 내륙과 남해안 일대에서 보이는 주거의 제 변화가 나타난다고 할 수 있다. 즉 4세기에 방형 주거가 도입되면서 주거 규모의 변화가 나타나고, 무질서한 다수의 주혈로 구성된 주혈군을 지상식 건물지로 분류한다면 김해 봉황동 유적과 같은 대규모 취락 내에서는 창고가 급증하며, 더불어 지상식 건물을 주거 건물로 적극적으로 사용하여 주거 건물의 다변화를 꾀하는 등 서부 내륙 및 남해안 일대보다 1세기 정도 빠른 시기에 주거의 대대적인 변화가 관찰된다.

IV. 맺음말

가야의 가구 양상을 파악하기 위해 경남 서부 내륙 및 남해안 일대의 4세기 타원형 주거지에서 5세기 방형 주거지로 전이되면서 나타나는 주거 규모 변화에 주목하였다. 주거 규모의 축소와 함께 취락에서는 주거 부속 시설이 증가하고, 부속 시설은 저장창고를 비롯하여 공방이나 작업장 등으로 활용하였다. 이에 4세기대는 주거 단독 혹은 주거군을 형성하여 가구를 영위하였다면, 5세기대는 가구복합(家口複合)을 이루었음을 알 수 있다. 즉 4세기대 주거 내 주요 가구 활동이 5세기에 주거의 외부 공간으로 옮겨지면서, 5세기대 주거의 직접적인 공간 범위가 주거 건물과 그 주변의 부속 시설까지 확대된 셈이다. 이러한 제 변화 과정을 통해 당시 가구 양상을 알아보고, 낙동강 하류역과 간단하게 비교도 하였다. 이상이 주거 규모 변화와 관련한 주요 내용이다.

본고는 주거나 취락에서 시설물의 형식보다 인간 행위를 유추할 수 있는 공간적인 구성에 초점을 맞추었는데, 관련하여 몇 가지 해결해야 할 과제를 살펴봄으로써 맺음말을 갈음하고자 한다.

우선 당시 가구 양상을 파악하면서 유구 간의 동 시기성 판단이 제대로 이루어지지 않아 내용을 전개하는 데 많은 어려움이 있었다. 주거지는 상호 중복이라든지 출토유물을 통해 동시성 파악이 어느 정도 가능하겠지만, 수혈과 지상식 건물지는 유물이 제대로 출토되지 않고, 취락의 제 유구와 복잡한 중복 관계를 보이는 예가 많아 같이 존재한 유구를 판정하기가 쉽지 않다. 따라서 본문에서 개별 주거지에 부속된 시설의 판단은 공간적인 근접성이 기준이 될 수밖에 없었다.

그리고 본문에서는 4세기대 가구의 주요 활동이 5세기대 기타 유구로 표출되었다고 보았지만, 취락의 기능이나 규모에 따라 기타 유구를 개별가구가 아닌 취락 단위에서 운용하였을 가능성도 모두 제시하고 있다. 5세기 들어 달라진 취락의 구조나 수준·기능으로 말미암아 개별가구는 물론, 취락·주거군 차원에서 필요에 따라 수혈이나 지상식 건물지는 얼마든지 둘 수 있을 것으로 생각된다. 이에 개별가구와 그 이상의 단위에서 보유한 시설물의 구분이 필요할 것이다.

한편, 본문에서는 구체적으로 다루지 못했지만, 주거군에 대한 개념도 논의가 필요하다. 주거군은 4~5세기에 모두 확인되지만, 주거군의 의미와 성격을 어떠한 개념으로 이해할지는 신중할 필요가 있을 것으로 사료된다. 기존에 선사시대 취락 단위에서 세대 복합체·세대공동체 등의 개념으로 사용되고 있는데, 김승옥은 세대공동체란 친족적으로 가까운 개별세대들이 공간적 군집을 이룬 형태(김승옥 2006), 권오영은 소형 주거지 수 기로 구성되어 주거를 세대별로 하고 생산과 소비를 공동으로 행하던 일종의 확대가족(權五榮 1997)으로 보았다. 비록 시대가 다르고 연구 지역이 다를지라도 모든 연구자의 공통점은 수 기의 주거지가 일정 공간에 모여 있는 현상을 취락의 하위 단위로 구분하고 있다는 것이다(이영철 2013). 삼국시대에도 여전히 농경을 기반으로 하는 집단이 사회를 구성하는 일반 취락인 점을 고려하면, 다수가 혈연을 기반으로 하는 공동체 집단일 것으로 생각된다. 다만 구성원들의 다양성이 확인된다거나 중심 취락·특수 목적 취락과 같은 대규모 취락의 단위에서는 혈연관계라는 고리는 약해졌을 것으로 보인다(이영철 2013). 일례로 토기 생산·제철과 같은 특수 목적 취락과 대규모 농경을 전업으로 하는 취락의 주거군은 취락의 기능과 관련하여 성격을 달리할 가능성이 크다. 즉 취락 형성 당시부터 특수 기능을 수행하기 위한 것이라면, 해당 취락의 주거군은 일정한 이해관계로 맺어진 집단일 가능성도 예상해 볼 수 있을 것이다.

마지막으로 낙동강 하류역은 변한에서 가야로 이행하는 시기에 이미 서부 내륙과 남해안 일대에서 보이는 주거의 제 변화가 나타난다고 하면서, 1세기 정도 시차를 두고 양 권역이 거의 유사하게 진행되었던 것처럼 설명하였다. 물론 전반적인 변화 양상은 크게 다르지 않지만, 변화의 정도나 수준은 낙동강 하류역 주거와 취락의 면밀한 검토가 바탕이 되어야 할 것으로 생각된다.

참고문헌

공봉석, 2008, 「경남 서부지역 삼국시대 수혈건물지의 구들 연구」, 『韓國考古學報』第66輯, 韓國考古學會.
공봉석, 2011, 「경남 서부지역 3~5세기 취락 검토」, 『광양만권의 마한·백제 취락 재조명』, 국립광주박물관 광양 기획특별전 학술 세미나.

공봉석, 2013, 「영남지방 원삼국·삼국시대 주거」, 『주거의 고고학』, 제37회 한국고고학전국대회, 韓國考古學會.

공봉석, 2015, 「신라·가야 취락의 분화와 전개」, 『嶺南考古學』73號, 嶺南考古學會.

공봉석, 2016, 「가야의 주거와 취락」, 『가야고고학개론』, 중앙문화재연구원 학술총서 29, 진인진.

權貴香, 2012, 「洛東江 以西地域 三國時代 住居址의 展開樣相」, 釜山大學校大學院 考古學科 碩士學位論文.

權五榮, 1997, 「한국 고대의 聚落과 住居」, 『한국고대사연구』12, 한국고대사학회.

權鶴洙, 1994, 「역사시대 마을고고학의 성과와 과제」, 『마을의 考古學』, 第18回韓國考古學全國大會發表要旨, 韓國考古學會.

金範哲, 2012, 「靑銅器時代 家口變化의 社會經濟的 意味-中西部地域을 중심으로-」, 『韓國上古史學報』第76號, 韓國上古史學會.

金範哲, 2013, 「'家口'에 대한 考古學的 理解-'家口考古學과 한국 선사시대 주거양상 연구'-」, 『주거의 고고학』, 제37회 한국고고학전국대회, 韓國考古學會.

김범철, 2018, 『가옥, 가족, 가구-靑銅器時代 사회변화에 대한 家口考古學의 이해-』, 충북대학교 출판부.

金成泰, 2003, 「三國 및 統一新羅時代 竪穴遺構의 用途에 대한 一考」, 『嶺南文化財研究 16』, 嶺南文化財研究院.

김승옥, 2006, 「청동기시대 주거지의 편년과 사회변천」, 『한국고고학보』60, 한국고고학회.

金昌億, 2013, 「大邱·慶北地域 三國時代 聚落의 特徵과 性格」, 『韓日聚落研究』, 韓日聚落研究會, 서경문화사.

李盛周, 2009, 「原三國·三國時代 嶺南地域 住居와 聚落研究의 課題와 方法」, 『嶺南地方 原三國·三國時代 住居와 聚落』1, 第18回 嶺南考古學會 學術發表會, 嶺南考古學會.

배덕환·김민수, 2009, 「三國時代 高床建物의 住居로서의 可能性」, 『聚落研究』1, 취락연구회 연구총서2, 취락연구회.

오건환, 1994, 「낙동강 삼각주 북부의 고환경」, 『한국제4기학회지』8, 한국제4기학회.

유병록, 2009, 「삼국시대 낙동강 하류역 및 남해안 취락의 특성」, 『嶺南地方 原三國·三國時代 住居와 聚落』1, 第18回 嶺南考古學會 學術發表會, 嶺南考古學會.

이동희, 2012, 「三國時代 湖南地域 住居·聚落의 地域性과 變動」, 『中央考古研究』第10號, 中央文化財研究院.

이영철, 2013, 「호남지역 원삼국~삼국시대의 주거·주거군·취락구조」, 『주거의 고고학』, 제37회 한국고고학전국대회, 韓國考古學會.

전옥연, 2013, 「고고자료로 본 봉황동유적의 성격」, 『봉황동 유적』, 제19회 가야사학술회의, 김해시·인제대학교 가야문화연구소.

정우현, 2012, 「경남지역 삼국시대 방형계 수혈주거지 연구」, 동아대학교 대학원 고고미술사학과 석사학위논문.

콜린 렌프류·폴반·이희준(옮김), 2006, 『현대 고고학의 이해』, 영남문화재연구원 학술총서 1, 사회평론.

「가야의 주거 규모 변화와 가구 양상」에 대한 토론문

정효은 국립경주박물관

　발표자께서는 가야권역 내 주거문화를 낙동강 하류역과 서부내륙, 남해안 일대로 구분하고 권역별 주거 구조의 변화에 대해 통시적으로 검토하였습니다. 특히 서부내륙지역에서 확인된 다수의 대규모 취락유적 조사에 직접 참여한 성과를 바탕으로 가구고고학적 관점에서 주거 규모 변화를 가구활동 공간의 변화라는 관점에서 접근하였습니다.

　토론자는 발표문의 편년과 대세적 흐름에 대해서는 동의하므로 이에 대한 다른 의견을 제시하기보다 발표문을 읽고 궁금했던 사항들에 대해 발표자께 보충 설명을 요청드리는 쪽으로 진행하고자 합니다. 질문은 크게 4가지로 구분하였습니다.

　1-1. 5페이지에서 "주거 구조의 변화를 정치체의 변화나 지리적 위치·성격에 따른 주거문화의 수용 등과 같은 거시적인 관점의 사회변화 정도와 연결 지을 수 있는 수준이다. 장기간 걸쳐 자연스럽게 형성된 주거 양식이라는 측면에서 볼 때, 일반 주거에서 나타나는 주거의 구조 차이가 직접적인 사회의 변화상 나아가 정치체의 동향을 반영할 가능성이 작아 보인다. (중략) 따라서 권역별 사회 구조는 주거 방식과 취락의 관계 속에서 더욱 현격한 차이가 날 것으로 생각된다." 라고 표현하셨습니다.

　사회 변동이 주거 구조의 변화를 수반한다는 외부적·정치적 영향론을 신중하게 지양하고 주거, 가구의 미시적 관점에서 보는 것 같으면서도 권역별 차이는 강조하는 발표자의 견해에 대해 보충 설명을 부탁드립니다.

1-2. 발표자께서 제시한 서부내륙지역 주거 구조와 규모의 변화를 가구활동과 연계하여 검토하신 부분은 취락의 변화를 외부적 사회변동에서 찾기보다는 취락 구성원의 행위 자체에 초점을 맞춘 것으로서 앞으로 출토유물과 함께 심도 깊은 연구가 필요한 부분이라 생각합니다.

서부내륙지역에서는 4세기 후엽부터 주거지의 변화와 함께 출토유물에서도 변화가 감지됩니다. 물론 동시다발적으로 이 변화가 일어난 것은 아니지만 각 요소 간 시기차가 크지 않습니다. 보수성이 강한 주거문화에서 왜 이러한 변화가 한꺼번에 일어났는지에 대한 발표자의 견해를 듣고 싶습니다.

진주 평거동, 거창 송정리와 같은 장기 지속된 취락의 경우 이러한 전환 양상이 비교적 뚜렷하게 관찰되는데 변화가 단절적이지 않고 점진적으로 이루어집니다. 그렇다면 취락 구성원들이 시간을 두고 선택 수용했다고 볼 수 있으며 또 이러한 변화에 외부적, 내부적 요인 중 어떤 부분에 중점을 두고 살펴봐야 하는지 궁금합니다.

2-1. 발표자께서는 낙동강 하류역에서 보이는 주거 건물 형태 다변화의 요인으로 저지대라는 환경적 요인을 언급하셨습니다. 이러한 환경 요인과 주거 구조의 평면적 변화(원형 → 방형)가 어떻게 연결되는 것인지에 대한 구체적인 설명을 부탁드립니다.

또 서부내륙지역은 원형계 주거지의 전통이 원삼국시대부터 지속, 발전해왔다고 언급하셨습니다. 이 현상을 문화지체 현상으로 파악하는 것을 지양하는 의견을 제시하였는데 그렇다면 서부내륙지역의 지형적, 환경적 요인이 주거 구조의 보수성에 미친 영향으로 보아야할지 이에 대한 발표자의 견해를 듣고 싶습니다.

2-2. 서부내륙지역에서 주거구조는 4세기대 원형계 주거지+구들에서 5세기 이후 방형계 주거지+부뚜막 조합으로 변합니다. 이 때 수반

하는 주거 면적의 변화가 가구 구성원의 변화를 전제로 한 것이 아니라면 구들보다 부뚜막을 채택하면서 주거지 내 가용면적이 넓어졌기 때문이라고 볼 수도 있을 것이라 생각합니다. 이에 대한 발표자의 견해를 듣고 싶습니다.

    3. 누차 지적하신 바와 같이 수혈, 지상식 건물지는 시기성을 파악하기에 어려움이 많습니다. 특히 지상식 건물지는 출토유물이 소략하여 그러한 경향이 강한데 취락 내 배치양상만으로 주거용인지 저장용인지 그 용도를 추정하는 것에 대한 추가 설명이 필요해 보입니다. 관련해서 서부내륙지역에서 5세기대 지상식 건물지의 비율이 증가한 것에 대한 해석을 지상식 건물지의 주거용으로서의 전용으로 보는 것은 근거가 불충분하지 않은지 검토가 필요하기 때문입니다.

    다시 말해, 지상식 건물지의 용도를 구분하는 기준에 대한 설명을 듣고 싶습니다. 구체적으로 주거지와 어느 정도 간격을 두고 배치되었을 때 주거지와 연계된 지장시설로 판단하는지 그 기준이 궁금합니다. 가구 양상을 읽을 수 있는 주거지와 부속시설의 정형화된 패턴이 있는지 구체적인 사례들을 알고 싶습니다.

    4. 서부내륙지역 방형계 주거지의 유입이 낙동강 하류역으로부터 전파로 보셨는데 주지하다시피 함양 우명리, 산청 하촌리 등지에서 확인되는 4주식 주거지는 마한, 백제계로 볼 수 있고 실제로 출토유물도 해당 지역과 친연성이 확인되고 있습니다. 이처럼 다양한 경로를 통해 방형계 주거지와 접촉할 수 있었는데 왜 주된 유입경로로 낙동강 하류역을 언급하셨는지 궁금합니다.

편집 후기

'집'은 인간이 삶을 영위하는 가장 기본적인 공간으로, 생활상 복원을 비롯한 당시의 사회와 문화를 연구할 수 있는 중요한 자료이다. 일반적으로 가야 유적에서 확인되는 집은 원형이나 사각형의 지하식 집이 대다수였다. 가야인은 초가집이나 창고형 집 등 다양한 형태의 집을 만들었지만, 목조로 만들어진 상부 구조가 남아 있지 않아 세부적인 형태는 알 수가 없었다.

그간 가야와 관련된 고고학적인 연구는 주로 고분과 그 출토품을 중심으로 이루어져서, 주거 문화와 관련된 연구는 지금까지 상대적으로 많은 주목을 받지 못했다. 『삼국지』 위지 동이전과 같은 사료 속 가야와 관련한 주거 문화는 간략하게 기술되어 있어, 집의 세부적인 형태까지 알기는 어려웠다. 현재 가야의 집에 대한 세부 형태나 상부 구조에 대해 그나마 구체적으로 알 수 있는 것은 집모양토기가 있기 때문이다. 지붕과 창문, 기둥과 서까래 등이 사실적으로 표현되었기에 건축 구조 또한 엿볼 수 있다. 또한 2000년대 접어들면서 김해 봉황동·여래리, 진주 평거동, 창원 가음정동 유적 등지에서 가야의 주거 양상을 보여주는 많은 유적이 조사되어 고고학적인 자료가 축적되기 시작하였다.

국립김해박물관은 이러한 그간의 발굴 조사와 집모양토기 연구 성과를 바탕으로, 가야인들의 주거와 생활 문화를 중점적으로 살펴보고자 하였다. 이에 국립가야문화재연구소와 가야의 주거 문화에 관한 공동 연구 사업을 진행하였다. 2019년에는 가야 유적에서 발굴된 다양한 집모양토기를 중심으로 "가야의 집"이라는 테마 전시를 국립김해박물관에서 개최하였다. 이번 "가야의 주거 문화" 학술 심포지엄도 이러한 공동 사업의 일환으로 가야의 주거문화와 집모양 토기에 관하여 중점적으로 다루어보고자 2020년 12월 4일 진행하였다.

이 책은 학술심포지엄에서 논의되었던 다양한 내용을 발표자들이 다듬고 보완하여 얻어진 결과물이다. 책은 크게 6개의 논고로 구성되었다. 학술심포지엄에서는 '삼국시대 주거와 취락 연구의 일 방향'이라는 이성주 경북대학교 교수의 기조강연을 시작으로, '가야 집모양토기의 제작과 출토 사례', '집모양토기와 가야 건축', '삼국시대 취락과 가옥', '가야 건물지 구들의 분포와 성격', '가야의 주거' 등 6개의 주제 발표와 심도 깊은 토론이 진행되어 가야인들의 생활상 연구에 새로운 방향을 모색해 보는 자리가 되었다.

학술심포지엄이 끝난 뒤에 각 발표문을 수정 보완하는 과정을 거쳤으나, 전체적인 논지가 달라지지는 않았다. 아울러 가야의 주거 문화와 관련한 연구 성과가 보다 넓게 활용되었으면 하는 의도에서 이 책이 발간되기 전까지 개별 논고를 학술지에 게재하도록 권장하였다. 그 결과 학술지에 게재한 논고도 있고 그렇지 않은 논고도 있음을 밝혀둔다.

집모양토기와 주거지에 대한 내용을 담아 보고자 노력하였으나, 이 책에 실린 6개의 논고만으로 가야의 주거 문화에 관한 광범위하고 다양한 주제를 모두 다룰 수는 없었다. 취락이나 주거 입지 등 마을과 관련한 종합적인 연구가 이루어져 가야의 주거문화에 대한 더욱 다양한 논의가 지속되기를 기대한다. (고영민)